O livro de bolso da astrologia

Um guia para seu autoconhecimento

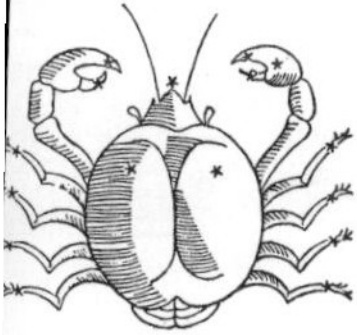

Maggy Harrisonx e Mellina Li

O livro de bolso da astrologia

Um guia para seu autoconhecimento

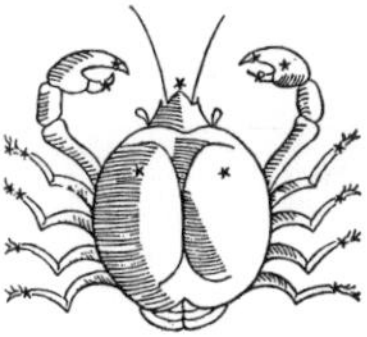

www.lpm.com.br
L&PM POCKET

Coleção **L&PM** POCKET, vol. 333

Texto de acordo com a nova ortografia.
Primeira edição na Coleção **L&PM** POCKET: setembro de 2003
Segunda edição: fevereiro de 2010

Capa: Marco Cena
Revisão: Jó Saldanha, Maria Aparecida Simões e Simone Borges
Ilustrações: Arquivo L&PM Editores

ISBN 978-85-254-1274-4

H323L Harrisonx, Maggy
O livro de bolso da astrologia: um guia para seu autoconhecimento / Maggy Harrisonx /e/ Mellina Li. – 2 ed. – Porto Alegre: L&PM, 2010.
176 p. : il. ; 18 cm. – (Coleção L&PM POCKET)

1.Astrologia. 2.Li, Mellina. I.Título. II.Série.

CDU 133.52

Catalogação elaborada por Izabel A. Merlo, CRB 10/329.

Rua Comendador Coruja, 314, loja 9 – Floresta – 90220-180
Porto Alegre – RS – Brasil / Fone: 51.3225.5777 – Fax: 51.3221-5380

Pedidos & Depto. comercial: vendas@lpm.com.br
Fale conosco: info@lpm.com.br
www.lpm.com.br

Impresso no Brasil
Verão de 2010

Dedico a meu Mestre, que com amor tem me guiado todos estes anos, a meus pais e a minha filha Andrea.

Maggy Harrisonx

Índice

Mensagem

Benedictus Dominus Deus noster qui dedit nobis signum.

Fernando Pessoa

O entendimento dos símbolos e dos rituais (simbólicos) exige do intérprete que possua cinco qualidades ou condições, sem as quais os símbolos serão para ele mortos, e ele um morto para eles.

A primeira é a simpatia; não direi a primeira em tempo, mas a primeira conforme vou citando, e cito por graus de simplicidade. Tem o intérprete que sentir simpatia pelo símbolo que se propõe interpretar. A atitude cauta, a irônica, a deslocada – todas elas privam o intérprete da primeira condição para poder interpretar.

A segunda é a intuição. A simpatia pode auxiliá-la, se ela já existe, porém não criá-la. Por intuição se entende aquela espécie de entendimento com que se sente o que está além do símbolo, sem que se veja.

A terceira é a inteligência. A inteligência analisa, decompõe, reconstrói noutro nível o símbolo; tem, porém, que fazê-lo depois que, no fundo, é tudo o mesmo. Não direi erudição, como poderia no exame dos símbolos, é o de relacionar no alto o que está de acordo com a relação que está embaixo. Não poderá fazer isso se a simpatia não tiver lembrado essa relação, se a intuição não a tiver estabelecido. Então a inteligência, de discursiva que naturalmente é, se tornará analógica, e o símbolo poderá ser interpretado.

A quarta é a compreensão, entendendo por esta palavra o conhecimento de outras matérias, que permitam que o símbolo seja iluminado por várias luzes, relacionado com vários outros símbolos, pois que, no fundo, é tudo o mesmo.

Não direi erudição, como poderia ter dito, pois a erudição é uma soma; nem direi cultura, pois a cultura é uma síntese; e a compreensão é uma vida. Assim, certos símbolos não podem ser bem entendidos se não houver antes, ou ao mesmo tempo, o entendimento de símbolos diferentes.

A quinta é menos definível. Direi talvez, falando a uns, que é a graça, falando a outros, que é a mão do Superior Incógnito, falando a terceiros, que é o Conhecimento e Conversação do Santo Anjo da Guarda, entendendo cada uma destas coisas, que são a mesma da maneira como as entendem aqueles que delas usam, falando ou escrevendo.

Apresentação

Maggy Harrisonx e Mellina Li

"Tal como o macrocosmo é o microcosmo", diz o antigo aforismo, base do pensamento astrológico.

Temos, realmente, um universo interior, com o Sol, a Lua, planetas e estrelas movimentando-se com um ritmo e uma dinâmica peculiares, que concordam com o pulsar do Universo lá fora. É essa ligação com o cosmos que se pretende avivar neste livro, cujo objetivo é reatar os fios que compõem essa teia invisível, mas tão forte e presente que nos envolve e nos integra como habitantes da galáxia.

A viagem até esse mundo interno, muitas vezes inconsciente, não é menos difícil e aventurosa que uma expedição espacial até a Lua a bordo das naves mais modernas. E, tal como esta, será capaz de proporcionar um novo enfoque da realidade. Tão enriquecedor e gratificante – ou, talvez, até mais – quanto ver de longe a Terra e sabê-la azul.

Transmitido através de gerações, o saber astrológico deve o seu patrimônio a inúmeros astrólogos e astrônomos que, com paciência e dedicação, estudaram as correlações entre os movimentos dos astros e a vida na Terra. A todos eles dedicamos o presente trabalho.

Os astros e sua influência sobre o homem

A astrologia como uma linguagem resultante da relação entre os fenômenos celestes e sua repercussão na vida terrestre; o seu papel na integração do homem com o universo.

Observar as estrelas no céu e perceber correlações de seus movimentos com a vida na Terra é uma arte cuja origem se perde nos tempos. É atribuída a Hermes Trimegisto a ideia de que tudo que acontece no céu se reflete também na Terra. Essa noção de unidade do universo é a base da astrologia, que chegou até nós como um misto de religião, arte e ciência. Pois observar um céu estrelado pode inspirar tudo isso: fé, admiração e curiosidade. Unindo a força vital e as leis matemáticas, os astrólogos estabeleceram relações entre a vida humana, a ordem que rege a natureza e as leis universais. O tempo e os ritmos quase imutáveis da natureza, as estações do ano, a influência da Lua e suas fases durante o mês, a regência dos planetas para cada dia da semana, enfim, a correspondência do que se passa na Terra com os fenômenos celestes, constituíram as inter-relações nas quais se fundamenta essa ciência. A elaboração desse sistema de ideias está conectada à evolução cultural de uma grande sociedade agrícola, onde o trigo cresce nos campos conforme os movimentos do Sol no céu, os astros guiam as épocas propícias para semear e plantar e influenciam o ciclo reprodutor dos animais, ou seja, onde a vida terrestre concorda com o pulsar do universo.

O estudo do homem, o enigma do seu ser e seu destino constituem a etapa seguinte na história da astrologia.

Assim como na natureza, nos elementos e nos animais, os antigos enxergavam também em si mesmos a participação do divino. "Para que os ramos de uma árvore toquem o céu, as suas raízes devem alcançar o inferno'', diz um aforismo alquímico. Ao perceber intimamente a sua condição terrestre, revela-se ao homem a sua identidade cósmica, como parte que é da galáxia e do universo. A imagem tradicional do homem como microcosmo, em quase todas as épocas e civilizações, era a mandala – figura de ponto e círculo –, que é também o símbolo astrológico do Sol, representando desde a Antiguidade a ideia de unidade, de totalidade, de integração entre o todo e as partes.

A astrologia como uma linguagem universal

Ao estabelecer a união entre o racional e o intuitivo, a astrologia integra as várias áreas da vida, devolvendo à pessoa o sentimento de unidade com o universo.

Quando a Igreja estabeleceu a separação entre ciência profana e ciência sagrada (reservando para a primeira o estudo do mundo material e para a última o saber espiritual), teve início o processo de fragmentação do conhecimento humano, que passou a evoluir isolado em compartimentos cada vez mais especializados, sem que fosse cultivada uma conexão com o todo. As várias ciências e filosofias forneceram inúmeras visões parciais que, embora possam representar a verdade nos seus respectivos termos, não chegam a dar uma noção de totalidade ao ser humano. Essa visão distorcida do mundo, feita de pedaços desconexos, impostos ao longo da formação de cada um, mostra seus reflexos no caos e no conflito perpétuo que caracterizam as patologias da sociedade atual.

Nos nossos dias, cada vez mais pessoas chegam a um consenso de que é preciso unificar as muitas áreas da vida, as muitas disciplinas intelectuais. Essa noção de unidade é básica para restabelecer o equilíbrio e, portanto, a saúde das pessoas, sendo o ponto de partida para a saúde da sociedade.

O profundo questionamento do que se sabe sobre a natureza humana e o significado de sua existência torna-se, mais do que nunca, indispensável nessa busca da ligação do ser humano às suas fontes primordiais de vida.

A astrologia, como uma linguagem de inúmeros símbolos, pode contribuir para devolver às pessoas o sentimento de unidade com o universo, refazendo esse vínculo suprimido ao longo da História.

O homem moderno sente-se separado da natureza e não se identifica com o cosmos. Logo, necessita de "provas" para aceitar a astrologia como uma ciência ou uma arte válida.

Entretanto, em uma ciência como a Física moderna – que serve de modelo às outras ciências – pode-se deparar com uma incrível diversidade de conceitos, como a antimatéria e a indeterminância, cujas descrições beiram o intangível, mergulhando num universo bizarro, que põe em dúvida a antiga concepção das coisas. Seriam as leis da Física frutos da imaginação, e não da observação da realidade objetiva? Esse questionamento ressalta como é importante compreender a relatividade da posição do observador e do seu objeto.

Por outro lado, inúmeras são as afirmações em astrologia que surpreendem pela precisão, não apenas numérica, podendo oferecer uma gama de informações, que abrange aspectos físicos, mentais, afetivos, sociais, espirituais do nativo ou do evento analisado, além de sua situação no tempo e no espaço. Isso é possível porque a astrologia estabelece a união do racional com o intuitivo, sob um embasamento matemático e astronômico.

Os avanços da ciência, permitindo uma melhor avaliação qualitativa e quantitativa das influências que os astros exercem sobre nós, poderão, sem dúvida, contribuir para o aperfeiçoamento e a modernização das técnicas astrológicas.

E quase todas as atividades humanas podem beneficiar-se com a prática dessa arte milenar, hoje estudo de várias outras ciências, tais como a psicologia, a medicina, a biologia, a sociologia, entre outras.

História da astrologia

A astrologia como irmã da astronomia e seu caminho entre os povos antigos. Períodos de declínio e florescimento da astrologia. A astrologia nos nossos dias.

A astrologia e a astronomia caminharam juntas por tanto tempo que as suas histórias não podem ser desvinculadas uma da outra. À medida que os acontecimentos terrestres se sucediam, eram comparados às relações numéricas estabelecidas entre os fenômenos celestes, através da medida e do cálculo.

Entre os caldeus, a astrologia já era baseada em observações metódicas e em cálculos para prever o tempo. No reinado de Assurbanipal, teria sido escrita a primeira efeméride (tabelas onde constam a posição dos astros em determinadas épocas do ano). As previsões permitiram o estabelecimento de um calendário agrícola, outro de cerimônias religiosas, além de prever a sorte do soberano e do Estado, e de todos os fatos importantes da vida pública. Essa astrologia nascida na Mesopotâmia propagou-se em todas as direções: Pérsia, Índia, Arábia, Egito, Grécia.

Cartas estelares egípcias anteriores a 4200 a.C. e monumentos em Babilônia e Ur, o atual Iraque (como os famosos zigurates, datados de 2000 a.C.), e em Stonehenge (possivelmente construído em 2500 a.C.) eram certamente utilizados para observar o céu e predizer eclipses. As pirâmides do Egito, orientadas para o então norte do céu, serviam como observatórios astronômicos, tanto quanto como túmulos dos reis.

Na China, há dúvidas sobre se o horóscopo oriental teria surgido por volta de 2637 a.C., no tempo do imperador Huang Ti, ou em 1600 a.C., com o imperador Chang, ou ainda durante a dinastia Han (214 a.C. a 25 d.C.), período em que eram muito difundidas as ciências ocultas. Na astrologia oriental, os signos representam-se por doze animais, a cada um dos quais corresponde um ano, que assume as suas características.

Por ser baseado na Lua (e não no Sol, como no Ocidente), o calendário oriental oferece um registro mais fiel das mudanças de estação e das variações climáticas. Por isso, permitia a previsão do tempo, sobretudo das chuvas, como também das épocas mais propícias para a semeadura e a colheita.

A astrologia oriental estabelece, ainda, relações entre os signos e os cinco elementos celestiais – a madeira, o fogo, a terra, o metal e a água – e os dois princípios energéticos opostos, o Yin e o Yang. O conhecimento profundo da relação dinâmica entre esses elementos constitui a base da medicina chinesa. Isso porque cada elemento está ligado a um órgão do corpo, e a saúde representaria o equilíbrio entre todas as partes.

Os povos islâmicos e os judeus também sofreram influência do pensamento astrológico, pois o monoteísmo emana da ideia de unidade do universo. Embora os árabes tenham começado a estudar a astrologia mais tarde, sua aptidão para a precisão e a numerologia muito contribuiu para o desenvolvimento dessa ciência. Entre as invenções por eles legadas consta o astrolábio, utilizado para medir a altitude das estrelas. Os nomes das estrelas fixas, bem como os termos "zênite" e "nadir", vieram dos árabes, que, além disso, cultivaram muito a medicina astrológica, num período em que a astrologia estava começando a declinar na Europa.

Na civilização grega, Tales e Anaximandro afirmavam a unidade essencial e substancial do mundo, preconizando a solidariedade entre o homem e o universo, na interdependência entre todo e partes. Com a escola de Elea, Heráclito, Empédocles, Demócrito e Anaxágoras, o código dos elementos serve de mediador na relação entre o homem e o mundo. O mundo é um ser vivente, como quer Platão, assim como possuem vida as divindades astrais.

Ao relacionar os quatro elementos – o fogo, a terra, o ar e a água – com os quatro princípios elementares – quente, frio, seco e úmido –, Aristóteles contribui para fixar o código de interpretação astrológica. Entre os estoicos, Zenon e Crisipo expressavam os mitos em alegorias astronômicas e cosmogônicas, elaborando a teoria astrológica em termos de microcosmo/macrocosmo. Hipócrates, pai da medicina, observava no organismo humano correspondência com os ritmos próprios da natureza: o ciclo de enfermidades e os dias críticos. Segundo ele, o médico que não conhecesse a astrologia não teria o direito de tocar em um doente.

A astrologia chegou aos gregos através de Beroso (280 a.C.), vindo da Mesopotâmia para ensinar em Cós, tal como Cono de Samos, amigo de Arquimedes. Seus discípulos e colaboradores, os estoicos, mais tarde os teriam introduzido à filosofia. Foram seguidos pelos neopitagóricos e neoplatônicos. A astrologia na Grécia vai sendo colocada no quadro de uma teoria geral das forças da natureza. Uma cosmologia elaborada se relaciona com uma doutrina de correspondências (princípio de *similia similibus*), afirmando a unidade do cosmos e a integração de seus constituintes. Seus reflexos podem ser notados nas obras de Ésquilo, Sófocles, Eurípedes e Homero. Nos templos de Zeus, Poseidon e Diana, o culto aos astros influencia a arquitetura e a escultura.

Em Roma, nas suas *Geórgicas,* Virgílio deixa a astrologia guiar sua obra poética. No seu *Astronomicon,* Manilius celebra a astrologia como uma revelação divina reservada às almas nobres. Sêneca lhe consagra uma parte em suas *Questões Naturais,* fundamentando as suas razões para acreditar em uma ciência astral. Ao imprimir seu signo natal (Capricórnio) em uma moeda da época, Augusto refletia a tendência vigente, quando as grandes famílias e os imperadores possuíam seus astrólogos favoritos.

Na América pré-colombiana, a astrologia era cultivada pelos maias e astecas. No apogeu da civilização maia, por volta de 400 a 600 d.C., Copán era uma cidade de sacerdotes astrônomos, tendo sido construído o monumento do caracol, utilizado para observações astronômicas. O culto ao milho, que simbolizava a renovação periódica das forças vitais, associado à adoração do Sol, é semelhante aos rituais que envolvem a cultura do trigo na Caldeia, no Egito e na Grécia.

Nos primórdios da Era Cristã, observam-se vestígios da presença astrológica. Assim é que o nascimento do Senhor é festejado no solstício de inverno e, à meia-noite, no momento em que o Sol está mais baixo. Astrólogos eram também os reis magos, que se deixaram guiar pela estrela. Os papas Sisto IV e Leão X aconselhavam-se com astrólogos.

Na Idade Média, começa o conflito entre a Igreja e a prática da astrologia. Alberto Magno e, depois, São Tomás de Aquino (1230-1270) perceberam que a astrologia tinha valor religioso na medida em que fosse separada das crenças pagãs e dos ledores da sorte. A astrologia então encontra lugar nas universidades e torna-se respeitada. A astrologia natal ainda estava limitada aos ricos e famosos, mas a horária e a mundial eram amplamente utilizadas. Dante e Shakespeare fazem muitas alusões a essa ciência nas suas obras. Em algumas universidades, os alunos não obtinham o diploma médico sem o conhecimento da astrologia. Esse período, que vai da Renascença até o século XVIII, produziu alguns dos astrólogos e astrônomos mais competentes, tais como o físico e matemático inglês Isaac Newton (1642-1727).

Nas cortes francesa e inglesa, os astrólogos gozavam de grande prestígio. O declínio dessa ciência não se deve tanto ao progresso da ciência moderna, mas à bula do Papa Inocêncio III, no século XIII, decretando que a busca de Deus no interior do indivíduo é pura heresia e somente dentro e através da Igreja Católica o homem consegue alcançar o conhecimento transcendente. Isso iria estabelecer a divisão entre ciência sagrada e ciência profana. Ou seja, fora da Igreja, só se poderia investigar o mundo material, acumulando dados do mundo objetivo, sem questionar seu sentido, o qual, por transcender a realidade, era monopólio do clero. Quatro séculos depois de Inocêncio III, na França de Luís XIV, a astrologia é banida das universidades pelo ministro Colbert, também presidente da Academia Francesa, por julgar que o sistema heliocêntrico de Copérnico destruía os fundamentos dessa disciplina. O heliocentrismo era na verdade conhecido desde a Antiguidade. Entretanto, os mapas astrológicos, por serem centrados em algum lugar da Terra, ou no próprio homem, tinham uma representação mais verdadeira, como uma mandala, onde estariam integrados o todo e as partes constituintes. A partir dessa época, começou uma fase de declínio para a astrologia e para as ciências ocultas.

Após um hiato de quase duzentos anos, o psicanalista Carl Gustav Jung promove um estudo estatístico de comprovação entre o destino humano e as configurações astrais, estabelecendo uma correlação estatística entre horóscopos e matrimônios. Jung é também o criador de uma teoria para explicar tal correlação fora do princípio de causa e efeito – a teoria da sincronicidade. Reafirmando a validade da astrologia, Jung instituiu o curso de astrologia no Instituto de Psicologia da Universidade de Zurique, aproximadamente de 1945 a 1955. O curso foi administrado pelo astrólogo Frankhauser.

Nos dias de hoje, a astrologia volta a ser estudada com seriedade, experimentando um florescimento em todo o mundo ocidental. Os antigos conceitos passam a ser revistos à luz da ciência moderna, despertando interesse nas mais variadas áreas, como a psicologia, a medicina, a química, a física, entre muitas outras.

Os grandes astrônomos e astrólogos

Ao longo da História, sempre existiram pessoas que se dedicaram ao estudo da astrologia. Muitos eram sábios, que também dominavam outras áreas do conhecimento humano, como a matemática, a geometria, a biologia, a medicina, a filosofia. A astrologia, de algum modo, servia para integrar todas essas disciplinas e dar força e unidade à obra de cada um deles. Muitas das descobertas e invenções em astrologia e astronomia são utilizadas até hoje, com sua validade reafirmada pelos métodos científicos mais modernos.

Talvez o faraó Ramsés XI (1301-1235 a.C.) seja um dos primeiros estudiosos de astrologia de que se tem referência. Teria sido o responsável pela determinação dos signos cardeais – Áries, Câncer, Libra, Capricórnio. O surgimento da constelação de Áries no céu coincidia com a separação das ovelhas dos carneiros nesse período. Câncer surgia quando a luz solar era mais forte, simbolizando o renascimento do Sol. Sob a influência de Libra, a colheita era pesada e vendida. Capricórnio nascia quando as águas do Nilo começavam a subir, e as cabras transformavam-se em cabras marítimas, ou cabras-peixe, símbolo do signo. O calendário egípcio já tinha a forma atual.

Até o século V, a astrologia teve um grande avanço no Egito, e também na Grécia. Os gregos, porém, divergiam dos egípcios quanto ao calendário utilizado (na Grécia, tinha sido adotado o calendário Juliano) e, também, quanto à localização precisa do ponto vernal.

Hiparco (190-120 a.C.) era astrônomo, e a ele é atribuída a descoberta do fenômeno de precessão dos equinócios.

Ptolomeu (120-180 d.C.), astrônomo e astrólogo nascido em Alexandria, autor de um sistema geocêntrico que esteve em voga por mais de 1.200 anos. Tal teoria foi descrita no seu livro *Almagesto*. Também é apontado como autor do *Tetrabiblos*, considerado por alguns como uma coletânea de escritos astrológicos do Egito, Babilônia e Grécia.

Manilius (100 d.C.), poeta romano, escreveu o poema astrológico erudito *Astronomicon*, em cinco livros.

Porphirius (223-301 d.C.) teria sido inventor do sistema quadrante de divisão de casas astrológicas. Grego neoplatônico, escreveu a vida de Pitágoras e um comentário do *Tetrabiblos*.

Firmicus (300 d.C.) teria publicado o livro de Manilius, tendo sido autor de oito livros de astrologia.

Nesse período, os árabes começam a se interessar por essa ciência, coincidindo com o seu declínio na Europa, pela intolerância religiosa. Devemos aos árabes terem mantido viva a astrologia e a sua reintrodução na Europa no Renascimento.

Albumasur (800 d.C.) escreveu o livro *Introdeutorium in astronomiam*, posteriormente traduzido e levado para a Europa, na Idade Média, reavivando o interesse pelo assunto. Bagdá era então o centro desse aprendizado, tendo um magnífico observatório de astronomia.

Na Idade Média, a astrologia começa a ser estudada nas universidades, tornando-se respeitada e sendo praticada por pessoas de grande valor.

Campanus (Johannes, século XIII) era médico e matemático. Inventou um dos sistemas quadrantes de divisão de casas.

Regiomontanus (Johann Muller, 1436-1476), astrônomo alemão, inventou um dos sistemas quadrantes de divisão de casas. Equipou o primeiro observatório europeu, construindo seus instrumentos. Também imprimiu as tábuas de efemérides, além de uma tradução do *Almagest*.

Copérnico (Nicolaus, 1473-1543), astrônomo polonês, escreveu em 1530 a sua obra *De Revolutionibus Orbinum Coelestium* (Da revolução dos corpos celestes), onde postulava a teoria de que o Sol era o centro do sistema solar, e que em torno dele girava a Terra. Por haver deslocado o homem do centro do universo, Copérnico sofreu antagonismos tanto dos cientistas como dos teólogos. O livro inclui uma introdução do seu pupilo Rhaeticus, favorecendo a astrologia. Tal como a maioria dos astrônomos da época, Copérnico era matemático e físico.

Paracelso (Theophrastus Bombastus von Hohenheim, 1493-1541), médico suíço estudioso de alquimia, numerologia e astrologia. Catalogou, segundo os planetas regentes, uma infinidade de medicamentos vegetais, minerais, cores, pedras, substâncias animais.

Jerome Cardan (Girolamo Cardano, 1501-1576), filósofo italiano, também interessado em matemática e medicina. Escreveu um livro sobre a obra de Ptolomeu e Regiomontanus.

Nostradamus (Michel de Notre-Dame, 1503-1566), astrólogo francês, publicou um livro de profecias em 1555, as famosas *Centúrias*. Sua obra provocou muitas controvérsias, tendo sido condenada pela corte papal em 1781.

Na Renascença, a astrologia era bastante difundida por toda parte, sendo muito popular. A nobreza e os reis consultavam seus astrólogos favoritos, muitos dos quais tornaram-se célebres.

Tycho Brahe (1546-1601), astrônomo e astrólogo dinamarquês, era um cuidadoso observador do movimento dos planetas, tendo criado instrumentos precisos de medição e observação. Corrigiu as tábuas de Copérnico, porém não aceitava a teoria heliocêntrica.

Francis Bacon (1561-1626), filósofo e ensaísta inglês, queria abordar de modo científico a astrologia. É o que procura descrever no livro *astrologia Sana*. No ensaio *On Prophecies,* faz referência à predição de Nostradamus da morte do rei Henrique II. Tal como Shakespeare, quis integrar conhecimentos astrológicos e ideias mágicas ao seu trabalho.

John Dee (1527-1608), matemático e astrólogo inglês, era também interessado em magia e alquimia. Era o astrólogo da rainha Elizabeth I, da Inglaterra, e gozava de grande prestígio na época.

Kepler (Johannes, 1571-1630), astrônomo alemão dos mais importantes. Em torno de 1600, trabalhou com Tycho Brahe em Praga, na época em que este descobriu que os planetas giravam em órbitas elípticas em torno do Sol. Também era um grande matemático, e com as três grandes leis do movimento planetário antecipou a descoberta de Newton da lei da gravidade. A prática da astrologia permitia-lhe ganhar a vida e dedicar-se ao estudo da astronomia e da matemática.

Galileu (Galileo Galilei, 1564-1642), astrônomo italiano, era físico e filósofo, além de um pesquisador incansável. Em 1583, descobriu o isossincronismo do pêndulo e, três anos depois, a balança hidrostática. Um dos primeiros telescópios foi construído por ele, e também são suas as descobertas de alguns satélites de Júpiter e as manchas solares, em torno de 1610. Observou que Copérnico estava certo sobre a teoria do heliocentrismo, o que o levou a publicar, em 1632, o seu *Diálogo sobre os Grandes Sistemas do Universo*. Isso lhe acarretou a enérgica oposição da Igreja, tendo sido levado aos tribunais da Inquisição em 1633, por heresia. De acordo com a História, após a sua retratação, balbuciou ainda "mas ainda se move..." (referindo-se à Terra). Apesar de ter voltado atrás, passou o resto de seus dias confinado em prisão domiciliar.

Morin (Jean Baptista, 1583-1656), médico francês, era também matemático e autor de várias obras de astrologia, entre as quais *Astrológica Gallica,* que foi apreendida pela Igreja, a despeito da proteção que lhe dava o Papa Urbano VIII. Morin era o astrólogo favorito do célebre cardeal Richelieu, e muito famoso e respeitado na época. Seu sistema de divisão de casas astrológicas é ainda utilizado.

Placidus (Placidus de Tito, 1603-1668), matemático italiano, inventou o sistema quadrante de divisão de casas mais amplamente utilizado atualmente.

Culpeper (Nicholas, 1616-1654), médico inglês, era estudioso das ervas. Usava os conhecimentos astrológicos para orientar o diagnóstico e o tratamento nos casos médicos. Escreveu o livro *The Complete Herbal,* onde classifica cada erva com seu planeta regente, a época ideal de colheita e sua utilização adequada.

Flamstead (John, 1646-1719), astrônomo inglês, montou a carta astrológica para escolher o dia de abertura do Observatório de Greenwich, em 1675, o qual contém o meridiano 0 (zero), a partir do qual todos os graus de longitude são contados.

Newton (Sir Isaac, 1642-1727), o famoso matemático e físico inglês, que descobriu a Lei da Gravidade, era também entendido em astrologia. Conta-se que, quando questionado pelo astrônomo Halley sobre se acreditava ou não nessa ciência, Newton respondeu: "Senhor, eu estudei, você não".

Com o desenvolvimento da era industrial na Europa e a ciência moderna, a astrologia foi entrando em declínio, sendo confundida com magia e praticada com menos seriedade.

Nesse período, foram os ingleses que mantiveram o seu estudo, devolvendo-a mais tarde para o mundo moderno. Destacam-se, nessa época, *Raphael* (Robert Cross Smith) e *Zadkiel* (Richard James Morrison), ambos nascidos em 1795. Tornaram-se famosos por seus artigos sobre astrologia em vários jornais. Raphael publicou a tabela de Placidus para divisão de casas.

Com a fundação da Sociedade Teosófica por Helena P. Blavatsky (1831-1891), teve início a reintegração da consciência ocidental com o pensamento religioso oriental, e a astrologia começou a ser vista como uma linguagem essencial nesse processo de renovação.

Alan Leo (William Frederick Allan, 1917-1960), considerado o Pai da astrologia Moderna, editou a revista *The Astrologer's Magazine,* mais tarde conhecida como

Modern Astrology. Fundou a Loja Astrológica da Sociedade Teosófica em Londres, que existe até hoje. Escreveu cerca de trinta livros de astrologia, destacando-se pela sua maneira de enfocar a psicologia do nativo através da carta de nascimento.

Evangeline Adams (G. E. Jordan, 1865-1932) era a astróloga mais importante e bem-sucedida dos Estados Unidos. Acusada de ser adivinha, deram-lhe um horóscopo para interpretar durante o julgamento. Após a análise do tema, que era do filho do juiz, este então anunciou que tudo havia sido interpretado de forma correta e que, na sua opinião, ela havia elevado a astrologia para o nível de uma ciência exata.

Charles Carter (1887-1968), seguidor de Alan Leo. Presidente da Loja Astrológica em 1922 e primeiro diretor da Faculdade de Estudos Astrológicos de Londres em 1948. Grande escritor, soube nas suas obras rever os antigos conceitos astrológicos à luz de suas próprias perspectivas.

Margaret Hone (1892-1969) escreveu dois livros importantes – *The Modern Textbook of Astrology* e *Applied Astrology*. Como diretora da Faculdade de Estudos Astrológicos, elevou o padrão de ensino dessa entidade, tornando-a conhecida e respeitada em todo o mundo.

No mundo ocidental, a astrologia volta a despertar o maior interesse, agora sendo revista sob o ângulo da ciência moderna. Na França e na Holanda, movimentam-se ativas sociedades de astrologia. Na Holanda, temos Karem Hamaker-Zondag, cujo trabalho tem contribuído para uma maior aproximação entre a astrologia e a Psicologia. Bruno e Louise Huber dirigem, na Suíça, o Instituto de astrologia e Psicologia, uma escola de astrologia reconhecida internacionalmente. Na Alemanha, Reinhold Ebertin destaca-se pelos conceituados livros de astrologia e explorações no campo da astrologia Médica e da Cosmobiologia. Nessas pesquisas, participam neurologistas, químicos, biólogos e físicos. Na França, André Barbault, autor de mais de trinta obras publicadas, associa pela primeira vez a eletrônica a essa astrologia renovada, montando, em 1967, o horóscopo por computador. Na Inglaterra, John Addey fundou, em 1958, a Associação Astrológica, sendo seu secretário até 1961 e, a partir de então, o seu presidente. Ao mesmo tempo, editava o jornal *The Astrological Journey.* Defensor da tese de que a astrologia é baseada na harmonia de períodos cósmicos, publicou a obra *Harmonics in Astrology.* Merecem destaque Liz Greene, com sua vasta obra sobre temas astrológicos e tarô, sempre sob o enfoque da psicologia junguiana, e o americano Howard Sasportas, que vive em Londres desde 1973 e é hoje um dos mais conhecidos astrólogos na Grã-Bretanha. Nos Estados Unidos, destacou-se o nome de Dane Rudhyar, que, apesar de nascido em Paris em 1895, viveu na América a partir de 1917. Músico, pintor, poeta, filósofo, além de astrólogo, escreveu vários livros onde procurou combinar os princípios astrológicos com as modernas técnicas psicológicas. Seguindo os passos de Dane Rudhyar, há uma série de importantes nomes na astrologia americana, tais como Stephen Arroyo, Alan Oken, Robert Hand, Bety Lundsted, Donna Cunning, entre outros.

As doze tarefas

O seguinte texto foi escrito pelo astrólogo inglês Martin Schulman, revelando, através de linguagem figurada, o caráter essencial de cada signo astrológico.

...E, naquela manhã, Deus compareceu ante suas doze crianças e, em cada uma delas, plantou a semente da vida humana. Uma por uma, cada criança deu um passo à frente, para receber o dom e a função que lhe cabiam.

"Para ti, Áries, dou a primeira semente, para que tenhas a honra de plantá-la. Para cada semente que plantares, mais outro milhão de sementes se multiplicará em suas mãos. Não terás tempo de ver a semente crescer, pois tudo o que plantares se criará cada vez mais e mais para ser plantado. Tu serás o primeiro a penetrar o solo da mente humana levando Minha Ideia. Mas não cabe a ti alimentar e cuidar dessa ideia, nem questioná-la. Tua vida é ação, e a única ação que te atribuo é a de dar o passo inicial para tornar os homens conscientes da Criação. Por este trabalho, eu te concedo a virtude do Respeito por Si Mesmo."

Silenciosamente, Áries retornou a seu lugar.

"Touro: a ti Eu dou o poder de transformar a semente em substância. Grande é a tua tarefa, e requer paciência; pois tens que terminar tudo o que foi começado, para que as sementes não sejam dispersadas pelo vento. Não deves assim questionar; também não deves mudar de ideia no meio do caminho, nem depender dos outros para a execução do que te peço. Para isso, Eu te concedo o dom da Força. Trata de usá-la sabiamente!"

E Touro voltou a seu lugar.

"A ti, Gêmeos, Eu dou as perguntas sem respostas, para que possas levar a todos um entendimento daquilo que o homem vê ao seu redor. Tu nunca saberás por que os homens falam ou escutam, mas em tua busca pela resposta encontrarás o meu dom, reservado a ti: o Conhecimento."

E Gêmeos voltou a seu lugar.

"A ti, Câncer, atribuo a tarefa de ensinar aos homens a emoção. Minha ideia é que provoques neles risos e lágrimas, de modo que tudo o que eles vejam e sintam desenvolva uma plenitude desde dentro. Para isso, Eu te dou o dom da Família, para que tua plenitude possa se multiplicar."

E Câncer voltou a seu lugar.

"A ti, Leão, atribuo a tarefa de exibir ao mundo Minha Criação em todo o seu esplendor. Mas deves ter cuidado com o orgulho e sempre lembrar que é Minha a Criação, e não tua. Se o esqueceres, serás desprezado pelos homens. Há muita alegria em teu trabalho; basta fazê-lo bem. Para isso, Eu te concedo o dom da Honra."

E Leão voltou a seu lugar.

"A ti, Virgem, peço que empreendas um exame de tudo o que os homens fizeram com Minha Criação. Terás que observar com perspicácia os caminhos que percorrem e lembrá-los de seus erros, de modo que, através de ti, Minha Criação possa ser aperfeiçoada. Para que assim o faças, Eu te concedo o dom da Pureza."

E Virgem voltou a seu lugar.

"A ti, Libra, dou a missão de servir, para que o homem esteja ciente dos seus deveres para com os outros; para que ele possa aprender a cooperação, assim como a habilidade de refletir o outro lado de suas ações. Hei de te levar onde quer que haja discórdia e, por teus esforços, Eu te concederei o dom do Amor."

E Libra voltou ao seu lugar.

"A ti, Escorpião, darei uma tarefa muito difícil. Terás a habilidade de conhecer a mente dos homens, mas não te darei a permissão de falar sobre o que aprenderes. Muitas vezes, te sentirás ferido por aquilo que vês e, em tua dor, te voltarás contra Mim, esquecendo que não sou Eu, mas a perversão da Minha Ideia, o que te faz sofrer. Verás tanto e tanto do homem enquanto animal, e lutarás tanto com os instintos em ti mesmo, que perderás o teu caminho; mas, quando, finalmente, voltares, terei para ti o dom supremo da Finalidade."

E Escorpião voltou a seu lugar.

"A ti, Sagitário, Eu peço que faças os homens rirem, pois entre as distorções da Minha Ideia, eles tornam-se amargos. Através do riso, darás ao homem a esperança e, por ela, voltarás seus olhos novamente para Mim. Chegarás a ter muitas vidas, ainda que só por um momento; e, em cada vida que atingires, conhecerás a inquietação. A ti, Sagitário, darei o dom da Infinita Abundância, para que te possas expandir o bastante, até atingir cada recanto onde haja escuridão, e levar aí a luz."

E Sagitário voltou a seu lugar.

"De ti, Capricórnio, quero o suor da tua fronte, para que possas ensinar aos homens o trabalho. Não é fácil a tua tarefa, pois sentirás todo o labor dos homens sobre teus ombros; mas, pelo jugo de tua carga, te concedo o dom da Responsabilidade."

E Capricórnio voltou a seu lugar.

"A ti, Aquário, dou o conceito de futuro, para que através de ti o homem possa ver outras possibilidades. Terás a dor da solidão, pois não te permito personalizar o Meu amor. Para que possas voltar os olhares humanos, Eu te concedo o dom da Liberdade, de modo que, livre, possas continuar a servir a humanidade, onde quer que ela esteja."

E Aquário voltou a seu lugar.

"A ti, Peixes, dou a mais difícil de todas as tarefas. Peço-te que reúnas todas as tristezas dos homens e as traga de volta para Mim. Tuas lágrimas serão, no fundo, Minhas lágrimas. A tristeza e o padecimento que terás de absorver são os efeitos das distorções impostas pelo homem à Minha

Ideia, mas cabe a ti levar até ele a compaixão, para que possa tentar de novo. Por essa tarefa, Eu te concedo o dom mais alto de todos: tu serás o único de Meus doze filhos que Me compreenderá. Mas este dom do Entendimento é só para ti, Peixes, pois, quando tentares difundi-lo entre os homens, eles não te escutarão."

E Peixes voltou a seu lugar.

...Então Deus completou: cada um de vós é perfeito, mas não compreendereis isso até que vós doze sejais Um. Agora, vão!

"E as doze crianças foram embora executar sua tarefa da melhor maneira.

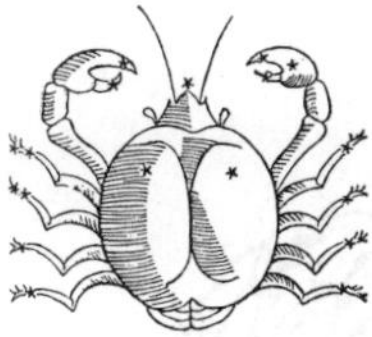

Os doze signos do zodíaco

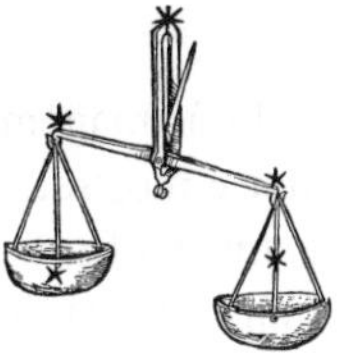
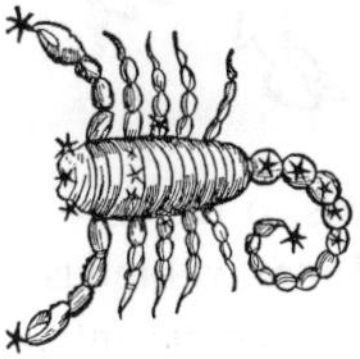

Áries

21 de março a 20 de abril

Em vários povos, o carneiro é associado à imagem de início e criação. Entre os hindus, o Criador é mostrado montado em um carneiro e, na antiga Pérsia, tinha a forma desse animal. No Egito, o deus Amon-Rá tinha cabeça de carneiro. Na Era Cristã, Cristo é chamado de Cordeiro de Deus. E da Grécia antiga chega-nos a versão mitológica mais conhecida do símbolo desse signo – o mito do carneiro, cujo pelo de puro ouro foi conquistado por Jasão.

O signo de Áries representa o início, o impulso para nascer, brotar, empreender, o "eu sou", a capacidade de liderar as pessoas, ativar movimentos e conquistar novas áreas. Corresponde ao equinócio da primavera no hemisfério norte, a partir do qual, o dia começa a ter mais brilho e calor, precipitando o eclodir de todas as manifestações da natureza. Primeiro signo do fogo, simboliza a centelha inicial que dá vida às ideias, o entusiasmo juvenil, a coragem, o ímpeto, a combatividade. Representa a autoafirmação, a audácia e a obstinação.

O ariano típico tem gostos simples, impulsos primitivos, reações rápidas e grande energia para lutar pelo que deseja. Seus planos não são muito rebuscados, age na hora, impaciente, agressivo e, por vezes, egoísta. Explorar o desconhecido, partir para uma aventura, tomar iniciativa mediante atitudes arrojadas e impetuosas são disposições bem próprias do ariano. Pode não primar pela coerência, mas destaca-se pela ação imediata, espontânea e direta.

No corpo, o signo de Áries rege a cabeça, predispondo o nativo a afecções ou acidentes nessa região, bem como a doenças febris. A cabeça é também a parte do corpo que comanda, e ninguém melhor que um ariano para liderar os movimentos, para estar à frente de tudo. Marte, como seu regente, dá inclinação para a luta, para a guerra, a vida militar, a cirurgia, os esportes violentos. A cabeça também inspira os arianos a escolherem profissões como a psicologia e a psiquiatria.

O ascendente em Áries dá extraordinário vigor físico e mental, e constante necessidade de ação e movimento. A cabeça, de alguma forma, chama a atenção, seja pela testa saliente como a dos carneiros, seja pela calvície ou, ao contrário, pelo cabelo farto, espesso e rebelde. Na infância, não são raros os acidentes (cortes, contusões ou queimaduras) na cabeça e, na idade madura, é comum a sensação de calor na cabeça, assim como a tendência para enxaquecas e cefaleias.

Possuem afinidade com o signo:

Cor: vermelho
Metal: ferro
Pedras: rubi, granada
Perfume: mirra
Dia da semana: terça-feira
Nota musical: Sol

Sal bioquímico: Kalium Phosphoricum

Apóstolo: Simão

Instrumento musical: trompete

Arcano do tarô: o Imperador

Animais: aves de rapina, insetos que picam. Os roedores, o carneiro, o galo, o jaguar, o leopardo

Vegetais: plantas e árvores com espinhos. Urtiga, páprica, mostarda, alho

Países: Alemanha, Inglaterra, Japão (Terra do Sol Nascente), Dinamarca, Palestina

Personagens mitológicos: Ogum, as Amazonas, Palas Atena, Odim, Marte

Touro

21 de abril a 21 de maio

Na mitologia grega, Zeus disfarçou-se de touro para seduzir a ninfa Europa. Dessa união, nasceu Minos, rei de Creta, que posteriormente enganou Poseidon, oferecendo-lhe um touro comum em vez do animal mágico que lhe havia prometido. Em vingança, o deus do mar fez Pasífae, mulher de Minos, apaixonar-se pelo touro divino que este lhe negara e dele ter um filho, metade homem, metade animal – Minotauro –, besta temível que devorava adolescentes. Representa a angústia gerada quando se abdica dos ideais superiores em favor dos bens materiais ou dos prazeres mais imediatos. Conquistar o touro sagrado, que dera origem ao Minotauro, foi também uma das doze tarefas de Hércules, simbolizando o domínio do espírito sobre a matéria.

O signo de Touro representa uma fase seguinte da primavera no hemisfério norte, quando as plantas que brotaram sob o Sol em Áries atingem a maturação, enchendo-se de folhas e flores. A natureza mostra a sua exuberância de cheiros, cores e sabores, oferecendo prazer aos sentidos e permitindo, dessa forma, a integração do homem com o mundo que lhe cerca. Aqui a energia criadora se fixa e se materializa, num processo que lembra o do touro, que transforma a seiva das plantas de que se alimenta em força animal. Daí vem a disposição para adquirir, assimilar, possuir, elaborar, fixar e concretizar. A terra é paciente e, na sua passividade, tudo suporta, contém e condensa, para depois transformar em frutos.

O taurino típico parece ruminar tudo o que capta: ideias, impressões, lembranças, situações. Quer estar seguro antes de agir e, quando o faz, concentra sua força, de maneira constante e obstinada. Seu apego a tudo e a sua relação quase emocional com a posse dotam-lhe de boa memória, determinação e atenção concentrada. E também possessividade, natureza conservadora, necessidade de relações firmes e duradouras. Por outro lado, falta-lhe agilidade para improvisar, tomar iniciativas mais rápidas, ser mais ativo, mais agressivo. Tende para a rotina, a preguiça, o relaxamento. Às vezes, o apego aos bens materiais torna-o avaro e egoísta. Porém, sua inclinação para imitar a natureza torna-o fértil e produtivo. Vênus, como seu regente, dá inclinação para a beleza, o luxo, os prazeres, as artes.

No corpo, Touro rege a boca, a garganta, a voz, a tireoide, predispondo a afecções nessas regiões, bem como aos excessos na alimentação. Através da boca, os alimentos são degustados, triturados e deglutidos, ou seja, o corpo "toma posse" das coisas. Assim é que as profissões que lidam com as posses materiais – terras, casas, dinheiro – são as mais procuradas pelos taurinos, que são bons comerciantes, financistas, economistas. São também encontrados nas profissões ligadas às artes, à música, à beleza. No comércio de comidas e bebidas, e também nas atividades ligadas à terra: a agricultura, a agronomia, a vida no campo.

O ascendente em Touro dá traços arredondados, beleza física, tendência à obesidade. Em geral, tem bela voz, boca e pescoço bem modelados, movimentos vagarosos. A ação é lenta, pois primeiro há a necessidade de dominar completamente a situação e o que deve ser feito. Porém, como a terra, seu elemento, possui grande fertilidade e um potencial criativo que permite sólidas realizações.

Possuem afinidade com o signo:

Cores: branco, verde-claro

Metal: cobre

Pedras: safira, esmeralda

Perfume: almíscar

Dia da semana: sexta-feira

Nota musical: Lá

Sal bioquímico: Natrum Sulphuricum

Apóstolo: Judas Tadeu

Instrumento musical: acordeão

Arcano do tarô: o Papa

Animais: borboleta, pomba, pavão, perdiz, faisão, rouxinol, vaca, touro

Vegetais: plantas ornamentais, rosa, lírio, cravo, angélica, miosótis

Países: Ásia Menor, Chipre, Irlanda, Irã, Polônia, Suíça

Personagens mitológicos: Osíris, Hera, Afrodite, Vênus

Gêmeos

22 de maio a 21 de junho

♊

Signo duplo, Gêmeos associa-se à lenda dos irmãos Castor e Pólux, filhos de Leda e Zeus, que, para seduzi-la, se disfarçara de cisne. Ferido em uma batalha, Castor, não possuindo imortalidade, perece. Pólux, que é imortal, pede a Zeus para repartir esse dom com o irmão, alternando, com ele, seis meses no reino dos mortos e seis meses no Olimpo.

O signo de Gêmeos simboliza então o processo de transformação, de evolução, gerado pela luta entre dois princípios antagônicos: a razão e o instinto, a sombra e a luz, o Sol e a Lua, o ativo e o passivo, o masculino e o feminino, o Yin e o Yang. Esse signo é regido por Mercúrio, o veloz mensageiro dos deuses que, na sua rápida evolução ao redor do Sol, às vezes dava a impressão de ser duplo. Daí ser chamado pelos egípcios de Set e Hórus; Buda e Rauhimeia, pelos hindus.

Corresponde ao fim da primavera no hemisfério norte, quando as plantas se ramificam e se estendem à procura de mais luz, ao mesmo tempo em que exalam seus cheiros. Essa comunicação com o mundo exterior é regida por Mercúrio, que também governa a respiração, o intercâmbio de energias e de informações, a difusão de ideias, o movimento e a dispersão. Mercúrio promove esse fenômeno de juventude, que traz frescor à procura e à descoberta, entusiasmo, ritmo e adaptabilidade. Vem daí a grande aptidão para o trabalho intelectual, o talento para a fala e a escrita, a agilidade física e mental, a natureza versátil, espontânea, engenhosa e lógica. Assim como a inconstância, a indecisão, a astúcia, a agitação excessiva e desgastante. A mente inquisitiva tudo deseja saber, mas muitas vezes lhe falta persistência para chegar ao fim.

No corpo, Gêmeos rege os pulmões, os braços e as mãos, o sistema nervoso, a atividade mental. Pessoa inteligente, cheia de ideias e comunicativa, o geminiano típico é encontrado em profissões como o jornalismo, o turismo, os meios de transporte e comunicação, o ensino, as relações públicas, o comércio, a política.

O ascendente em Gêmeos dá grande agilidade física e mental, estatura em geral elevada, tórax pequeno, membros compridos, ombros caídos para frente. Dá comunicação fácil, capacidade para escrever ou falar bem, destreza manual, gestos rápidos, nervosos e expressivos. A instabilidade às vezes lhe causa problemas, pois quer ver todas as possibilidades disponíveis antes de tomar uma decisão. Essa tendência a querer envolver-se em várias coisas ao mesmo tempo dispersa muito as suas energias.

Possuem afinidade com o signo:

Cor: cinza
Metal: mercúrio
Pedras: topázio, berilo, ágata
Perfume: limão
Dia da semana: quarta-feira

Nota musical: Mi

Sal bioquímico: Kalium Muriaticum

Apóstolo: Mateus

Instrumento musical: oboé

Arcano do tarô: Os Amantes

Animais: astutos e velozes e as aves tagarelas. Animais que carregam coisas, como a abelha ou a formiga. O macaco, a raposa, o papagaio

Vegetais: plantas que crescem depressa, mas não ficam muito altas. Feijão, valeriana, verbena, anis, chicória, agrião

Países: Egito, Grécia, Estados Unidos, Bélgica, País de Gales

Personagens mitológicos: Hermes ou Mercúrio, os anjos, os exus, Anúbis no Egito, as Valquírias, todos os gêmeos: Esaú e Jacó, Castor e Pólux

Câncer

22 de junho a 21 de julho

♋

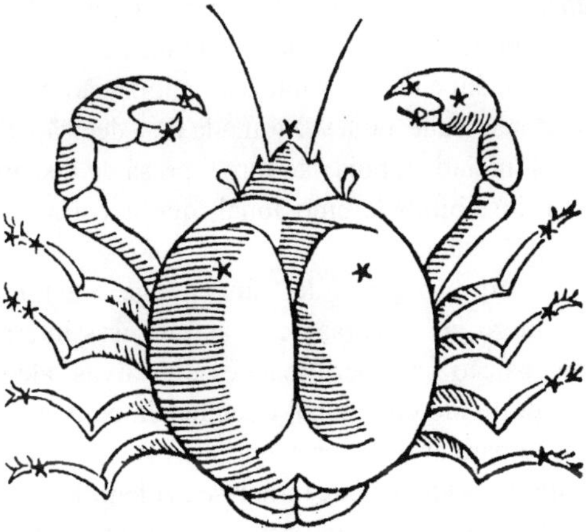

O sentido profundo do signo de Câncer está ligado às coisas em formação no silêncio de uma gestação. Nesse mundo, domina a água que dá origem e vida às coisas. O caranguejo, que representa esse signo, é prolífico e protege com uma dura carapaça o sensível interior onde se processam os mistérios da criação. A mitologia grega apresenta o signo de Câncer como a multidão e a Lua como "multiforme", fazendo uma alusão entre esse signo e a Lua. Mas, apesar de regente desse signo, a Lua por si só não basta para explicar toda a sua simbologia.

Apenas a água, como fonte da vida, consegue motivar essa vida psíquica profunda, as emoções e os sentimentos. O mito da Água-Mãe, dando início a toda a vida existente, é encontrado em muitas outras civilizações.

O solstício de verão marca, no hemisfério norte, a entrada do signo de Câncer, quando os dias ficam mais longos, a natureza torna-se receptiva e fértil, os primeiros frutos formam-se e amadurecem. Voltar-se para dentro de si para entender, assimilar ou transformar o mundo exterior, ou mesmo para formar uma nova vida, é o movimento principal de Câncer, que rege o passado, o lar, a família. Fecundo e sensível, intuitivo e ávido por segurança e proteção, esse signo é também cheio de sonhos e imaginação. Sua melhor arma é a tenacidade, uma vez tomada uma decisão. Falta-lhe por vezes iniciativa, pois não raro é presa de insegurança e angústia, instabilidade emocional, que a volúvel Lua lhe confere.

No corpo, o signo de Câncer rege o estômago, os seios, o útero, as vísceras ocas, as mucosas internas. Daí a predisposição para perturbações digestivas, alcoolismo, doenças de fundo emocional e tendência para engordar. A disposição para abrigar, proteger, envolver, que os nativos desse signo possuem, pode tornar-se evidente em atividades como a enfermagem, a vida doméstica, a educação, a medicina, o serviço social, a hotelaria, ou onde lhes seja requerido cuidar de outros. Por seu apego ao passado, o comércio de antiguidades, a museologia, a história podem tornar-se campos de seu interesse. A grande sensibilidade e inspiração criadora podem dar inclinação para as artes, a literatura ou a música. O mar, por ser seu elemento, pode ser enfatizado em profissões como a pesca, a biologia marinha, a marinha mercante, a oceanografia, ou mesmo em esportes como a natação. Sua preocupação com segurança e proteção pode dar inclinação para áreas como a economia, o comércio, as finanças e os investimentos.

O ascendente em Câncer costuma dar estatura mediana e parte superior do corpo mais volumosa que a inferior. Os olhos úmidos chamam a atenção, pela expressão sentimental e melancólica. Às vezes, dá impressão de que a pessoa está sempre divagando e passiva. Na verdade, diante de qualquer situação difícil, a tendência é voltar-se para dentro, para poder entender o que acontece fora. Uma vez recuperada essa noção de segurança, que lhe é básica, vai até o fim para obter o que deseja.

Possuem afinidade com o signo:

Cores: branco-prateado, verde-azulado
Metal: prata
Pedra: pérola
Perfume: flor de laranjeira
Dia da semana: segunda-feira
Nota musical: Fá
Sal bioquímico: Calcarea Phluorica
Apóstolo: Felipe
Instrumento musical: cravo
Arcano do tarô: o Carro

Animais: todos os animais domésticos e os aquáticos. Os crustáceos, o sapo, o morcego, o caracol, a rã

Vegetais: plantas aquáticas, frutas com muito sumo, folhas cheias de seiva. Dama-da-noite, batata, lírio, violeta, flores silvestres

Países: Holanda, Nova Zelândia, Escócia, Paraguai e grande parte das nações africanas

Personagens mitológicos: Ártemis, Astarte, Cibele, Ishtar, Ísis, Jaci, Iemanjá

Leão

22 de julho a 22 de agosto

O simbolismo desse signo liga-se a um dos doze trabalhos de Hércules – vencer o leão de Nemeia. Hércules matou o temível animal com as próprias mãos, ao apoiar o seu joelho no plexo solar da fera durante a luta. Essa lenda enfatiza a vitória pela coragem e força pessoal, a capacidade de usar da melhor forma os seus dons naturais. O regente desse signo é o Sol, personificado por Apolo, cuja aparição a cada alvorecer criava um novo dia. O Sol, como fonte de vida, impulsiona a criatividade dos nativos de Leão, que desde cedo sentem desejo de imprimir a sua marca no mundo.

O signo de Leão marca o auge do verão no hemisfério norte, quando o Sol resplandece plenamente, os frutos amadurecem e a colheita tem início. A natureza generosa proporciona fartura e prosperidade, alegria e bem-estar. Isso explica a disposição do leonino de brilhar, centralizar, predominar, sintetizar. Como o Sol, irradia calor e magnetismo. Expansivo, é também firme, mostrando gosto pelo comando e alto senso de organização. Apesar de ambicioso, tem forte senso de dignidade, é fiel e solidário para com aqueles que estima. A pompa, o brilho, a ostentação muitas vezes o atraem. Seu caráter magnânimo e autoconfiante inclina-o para as grandes obras. Deseja sempre ser amado e admirado, ressentindo-se amargamente com a indiferença ou a ingratidão.

No corpo, Leão rege o coração, o sangue, a coluna vertebral, as costas, os olhos e o plexo solar. Daí a predisposição dos nativos desse signo para cardiopatias, transtornos circulatórios, além de afecções na vista. O amor ao luxo, ao esplendor, à celebridade e à glória inclina os leoninos para os altos postos, a liderança, o palco. O comércio de joias e de obras de arte, a decoração, a arquitetura, o mundo artístico, o teatro, a política, o magistério são áreas onde dominam os leoninos.

O ascendente em Leão, em geral, dá notável vigor físico, elegância, porte aristocrático, corpo bem proporcionado, testa abaulada, traços felinos, olhos brilhantes e muito expressivos, boca bem desenhada. Costuma dar boa capacidade para o planejamento e a administração, ambição e carisma, que logo leva a pessoa a tornar-se o centro das atenções. Por sua vez, ela é o seu próprio juiz, o tempo todo olhando para as suas próprias forças.

Possuem afinidade com o signo:

Cor: amarelo-ouro
Metal: ouro
Pedra: diamante
Perfume: âmbar
Dia da semana: domingo
Nota musical: Dó
Sal bioquímico: Magnesia Phosphorica
Apóstolo: Tiago Menor
Instrumento musical: violoncelo

Arcano do tarô: a Força

Animais: todos os animais de porte nobre ou solene. Leão, cisne, águia

Vegetais: crisântemo, girassol, manjerona, milho, romã, jacinto

Países: França, Itália, Romênia

Personagens mitológicos: Rá, Aton, Ptah e Serápis, no Egito; Adônis, entre os hebreus; Hélios, para os gregos; Apolo, para os romanos; Guaracy, para os índios brasileiros

Virgem

23 de agosto a 23 de setembro

♍

Deméter, senhora dos grandes segredos da natureza, tinha a missão de fazer crescer as plantas e amadurecer os frutos, sendo por isso uma das divindades mais cultuadas na antiga Grécia. A maturação dos grãos e frutos por vezes implica danos à própria planta, à semelhança da gravidez e do parto, que modificam o corpo feminino. O desejo de reproduzir-se e o temor de transformar-se constituem um dos típicos dilemas dos nativos desse signo, que, por essa postura de atração e repulsão, muitas vezes agem de forma contrária à que seria de se esperar para obter o que desejam.

A época de Virgem, no final do verão do hemisfério norte, é a da colheita dos frutos, quando o trigo é ceifado, os grãos escolhidos, pesados e classificados e, por fim, armazenados. Os árduos esforços, a sujeição aos ritmos da natureza, o trabalho humilde e paciente têm nessa época sua recompensa e seu reconhecimento. A terra compartilha suas riquezas com os trabalhadores e, dessa forma, a vida é mantida, as provisões são renovadas, as reservas, reforçadas, pois o duro inverno aproxima-se. O símbolo desse signo mostra uma mulher alada, cuja mão esquerda traz um caduceu, e a mão direita, um ramo de trigo. A inteligência é exercida num plano prático e, aliada ao método e à técnica, conduz a um conhecimento superior. O signo de Virgem representa uma fase de purificação, de síntese interior, de gestação, que precede a expressão objetiva da pessoa no mundo exterior. Ao signo de Virgem pertencem os mistérios subterrâneos que promovem a germinação das plantas, num processo silencioso, intrincado e sutil, que obedece às leis da natureza.

O típico nativo de Virgem mostra disposição marcante para a análise, o cálculo, o controle, a delimitação, a precisão, a seleção de todas as coisas. Sua maior característica é a noção de detalhe. Sua timidez, por vezes, revela a prevalência da razão sobre o instinto, inibindo os impulsos. Predominam na sua personalidade a paciência, a organização, a disciplina, o senso prático, a abordagem realista das situações. Por outro lado, a sua instabilidade mental e psíquica pode levar a um comportamento circunspecto, tendência à hipocondria e à depressão.

No corpo, Virgem rege o abdômen, os intestinos, os braços, as mãos, o pâncreas, o sistema nervoso simpático. Por isso, dá predisposição para as doenças intestinais e de fundo nervoso.

Profissões que envolvam controlar, disciplinar, analisar, classificar, medir e pesar, arquivar, escrever, calcular são as mais adequadas para os nativos desse signo. O comércio, a contabilidade, o secretariado, a matemática, a biblioteconomia, as análises laboratoriais são algumas das áreas onde os virginianos podem se dar bem. Por seu interesse pela saúde, ramos como a medicina, a enfermagem, a nutrição, a farmacêutica, a assistência social poderão ser igualmente procurados.

O ascendente em Virgem dá, em geral, estatura mediana, corpo bem proporcionado, compleição delgada na juventude, com tendência a engordar na idade madura, traços delicados e regulares, olhos pequenos e brilhantes, expressão irônica e, por vezes, infantil. O que lhe interessa é o que está tratando no momento. Tem que obter perfeição em cada detalhe. Se olhar para o todo, se confunde, reclama, critica e se perde. Mas é capaz de perceber o universo num grão de areia.

Possuem afinidade com o signo:

Cores: mistas com predominância do amarelo
Metal: mercúrio
Pedras: topázio, jaspe rosa
Perfume: lavanda
Dia da semana: quarta-feira
Nota musical: Mi
Sal bioquímico: Kali Sulphuricum
Apóstolo: Tomé
Instrumento musical: tamborim
Arcano do tarô: o Eremita
Animais: domésticos, formiga, esquilo
Vegetais: trevo, aveleira, milho, trigo, sândalo, papoula
Países: Brasil, Turquia, Grécia, Croácia
Personagens mitológicos: Deméter, Ceres, Perséfone, Osíris, Oxóssi

Libra

24 de setembro a 23 de outubro

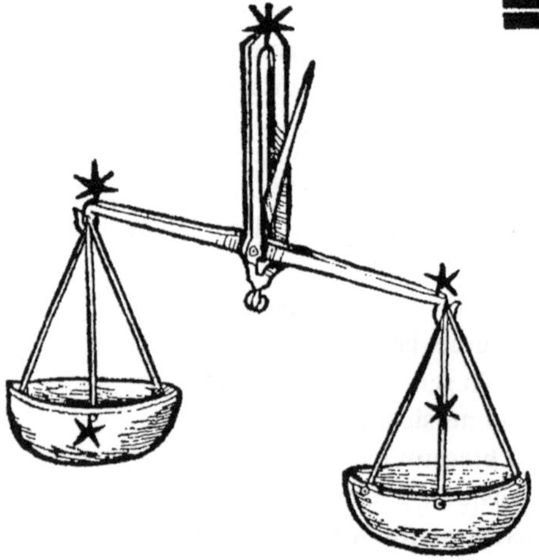

Na mitologia grega, Têmis representava a Justiça, pesando as coisas na balança, enquanto mantinha vendados os olhos. Com Zeus, teve três filhos: a Paz, a Liberdade e a Lei – características principais das pessoas deste signo. Na mitologia egípcia, a deusa da justiça, da verdade e da lei era Maat. Cabia a Maat a tarefa de pesar a alma dos mortos para poder determinar-lhes qual seria seu destino no mundo inferior. Regido por Vênus, deusa do amor e da beleza, o início desse signo coincide com os seis meses do ano em que o belo Adônis retorna ao mundo dos mortos e aos braços de Perséfone. Entretanto, no começo da primavera, o jovem caçador volta à terra e retoma o romance com Vênus, enchendo a natureza de prazeres.

O signo de Libra tem início no equinócio de outono no hemisfério norte, a partir do qual os dias começam a encurtar e as noites ficam mais longas. O Sol brilha menos e o calor diminui. É o período do repouso e da serenidade. As colheitas são avaliadas e pesadas. Os campos são purificados e prepara-se a semeadura. As pessoas reúnem-se ao redor do fogo e conversam, tornam-se sociáveis, buscam compartilhar as experiências. O aperfeiçoamento das relações entre as pessoas é um dos objetivos principais dos nativos desse signo, que não raro abdicam de si em favor do outro ou da sociedade. Pela tendência de sempre julgar os dois lados de cada questão, têm dificuldade em tomar uma decisão justa, revelando, porém, talento para conciliar, apaziguar ou acalmar as pessoas. Vênus, como seu regente, dá grande sensibilidade para a arte, a beleza, a música, inclinando ao refinamento e à amabilidade.

No organismo, Libra rege os rins, os ovários, o sistema vasomotor e a pele, dando por isso propensão a intoxicações e desequilíbrios metabólicos, erupções cutâneas, doenças renais.

Nos nativos desse signo, a busca da harmonia nas relações entre as pessoas é marcante na escolha de profissões como as relações públicas, o direito, a diplomacia, o aconselhamento pessoal, a psicologia, o serviço social. Pela inclinação para as artes e para tudo o que é belo, são muitos os artistas, músicos, decoradores, literatos entre os nativos de Libra. A moda, a cosmética, o comércio de joias ou artigos de luxo ou beleza, a perfumaria, os ramos de diversão ou lazer são também áreas em que pode se destacar.

O ascendente em Libra dá aparência elegante, charme, beleza física, corpo bem proporcionado, cabelo abundante, rosto oval ou redondo, lábios bem desenhados, olhos ternos com expressão bondosa. As outras pessoas exercem uma influência enorme na sua vida, voltada para a busca do equilíbrio ideal entre as tendências mais diversas.

Possuem afinidade com o signo:

Cor: verde-claro
Metal: cobre

Pedras: safira, esmeralda, berilo, jade

Perfume: jasmim

Dia da semana: sexta-feira

Nota musical: Lá

Sal bioquímico: Natrum Phosphoricum

Apóstolo: João

Instrumento musical: viola

Arcano do tarô: a Justiça

Animais: borboleta, pomba, pavão, corça, rouxinol, galinha

Vegetais: plantas com cheiro balsâmico, cores alegres, gosto doce e agradável, com óleos aromáticos. Rosa, lírio, margarida, amor-perfeito

Países: Argentina, Áustria, Tibete, Myanma (antiga Birmânia)

Personagens mitológicos: as vestais, Afrodite, Eros, Astarte, Oxum

Escorpião

24 de outubro a 22 de novembro

♏

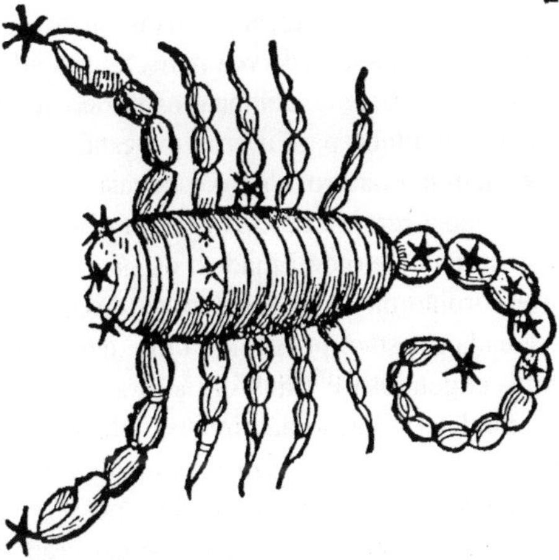

Para recompensar um pobre e velho camponês que lhes dera alimento, os deuses satisfizeram-lhe o seu maior desejo, concedendo-lhe um filho – o caçador Órion –, nascido dos restos de um animal a eles sacrificado e depois enterrado pelo humilde anfitrião. Órion simboliza então a vida que nasce da decomposição de outra. Pois, apesar de seu nascimento ter-se originado do desejo de perpetuar a espécie (que é um instinto animal), para que tal prodígio acontecesse foi preciso enterrar, de maneira simbólica, os restos animais. Belo, porém ignorante e impulsivo, Órion debate-se entre o jugo de seus sentidos e a sua iniciação divina. Caçando nos bosques, apaixona-se pela deusa Ártemis. Mas esta, assustada com a sua brutalidade, faz sair das rochas um escorpião que fere Órion mortalmente. Logo após, ela pede a Zeus que dê imortalidade ao caçador, que é transformado numa constelação. Essa lenda mostra a transformação através da morte. O escorpião aflora dos abismos, e, através dele, Órion morre para viver eternamente. Novamente, são forças subterrâneas, porém imperiosas, que impulsionam esse processo, onde a vida nasce da putrefação, e a morte permite o renascimento e a regeneração.

No tempo de Escorpião, auge do outono no hemisfério norte, o Sol distancia-se cada vez mais, a terra adormece e recebe as folhas secas, que começam a se decompor, transformando-se em adubo para a próxima estação de plantio. As folhas caem e a natureza parece devastada e sem vida. Não é à toa que a Igreja Católica celebra nesse signo o dia de Todos os Santos e o de Finados: os sábios e os mortos. Como o escorpião da lenda, os nativos desse signo vão a fundo em cada questão, possuindo uma mente inquisitiva, penetrante, engenhosa e transformadora. A coragem, os impulsos e a determinação dão intensidade a todos os seus atos. O resultado é uma natureza apaixonada e criativa, mas também autoritária, crítica e revoltada, possessiva e obstinada. O potencial para a destruição é tão grande quanto para a regeneração.

No corpo, Escorpião rege os órgãos genitais, o intestino grosso, reto e ânus, a uretra e os ureteres, o nariz, predispondo os nativos desse signo a doenças nesses órgãos, tais como infecções e inflamações, sinusites, rinites, fístulas e hemorroidas.

O gosto pelo mistério e pela investigação inclina os nativos de Escorpião a procurar profissões que envolvam análise, crítica, pesquisa: a cirurgia, a psiquiatria, as ciências ocultas, a polícia, a acupuntura, a subversão em geral. Todos os trabalhos em poços, grutas, subterrâneos, cemitérios e lugares escondidos. A vida militar, a metalurgia, o açougue também são profissões de Escorpião, devido ao seu antigo regente Marte. Apenas a regência de Plutão explica esse impulso de descer até a profundidade, para realizar a transformação ou, enfim, o processo de morte e vida, destruição e regeneração, putrefação e eliminação do antigo para dar lugar a uma nova ordem.

O ascendente em Escorpião dá estatura mediana, corpo robusto, sobrancelhas espessas, rosto triangular ou quadrado, olhos fixos, rasgados e penetrantes, vivacidade no andar e nos movimentos. Sempre está contra tudo, tem temperamento de guerreiro, buscando ver o outro lado das coisas, enxergar além da superfície. Os desafios lhe são estimulantes, incitando mais ainda à ação.

Possuem afinidade com o signo:

Cor: vermelho-escuro
Metal: ferro
Pedras: malaquita, topázio
Perfume: sândalo
Dia da semana: terça-feira
Nota musical: Sol
Sal bioquímico: Calcarea Sulphurica
Apóstolo: Judas Escariotes
Instrumento musical: percussão
Arcano do tarô: a Morte
Animais: águia, lobo, pica-pau, crustáceos e a maioria dos insetos
Vegetais: nabo, gerânio, orquídea, acácia
Países: Argélia, Marrocos, Síria, Noruega, Egito
Personagens mitológicos: Plutão, Vulcano, Hefaístos, Tifon

Sagitário

23 de novembro a 21 de dezembro

O centauro, figura mitológica metade homem, metade cavalo, simboliza a luta pelo equilíbrio entre a força animal e o refinamento, o apego à realidade e a busca transcendental. Quíron era o mais famoso dos centauros e caçava com Ártemis nos bosques. Era também estudioso de astrologia e das plantas medicinais. Entre os seus discípulos destacam-se Aquiles, Jasão, Eneias e Esculápio. Atingido por uma flecha envenenada, Quíron, que era imortal, pediu a Zeus que o deixasse morrer, pois não suportava a dor do ferimento. Foi atendido, passando a ocupar o firmamento na constelação hoje chamada de Sagitário. A lenda do centauro representa a utilização das forças dirigidas para um só alvo, um objetivo superior. A flecha prestes a ser disparada simboliza o pensamento a ponto de elevar-se mais alto que o próprio homem.

A chegada de Sagitário, no final do outono no hemisfério norte, coincide com a queda das últimas folhas, enquanto a vegetação quase não é mais vista. Surge o frio, e com ele os temores, que induzem às questões religiosas e filosóficas. A natureza transforma-se sobre a terra, a força bruta é elaborada, sendo dirigida ao aperfeiçoamento das aptidões superiores do espírito. A parte animal desse signo inclina seus nativos para a aventura, os esportes, as viagens, a exploração de novos horizontes. A sua parte humana quer transcender a realidade, buscando a identidade divina, através do conhecimento, da cultura, da religião, da justiça e da fé. Júpiter rege esse signo, dando otimismo, entusiasmo, espírito expansivo, dinamismo, assim como necessidade de espaço e de liberdade.

Sendo o maior planeta, Júpiter rege também o maior órgão do corpo – o fígado. Por analogia ao centauro, são também partes sensíveis desse signo as coxas, os quadris, o sistema muscular. São afecções típicas desse signo as doenças hepáticas, pulmonares (por oposição a Gêmeos), problemas de locomoção, ciática.

O desejo de viajar, aventurar-se, projetar ideias e fazer planos, legislar, expandir as coisas para além dos limites previstos torna os sagitarianos bons magistrados, professores, políticos, missionários, filósofos, religiosos, líderes morais. As viagens, de um modo geral, o comércio exterior, os esportes, a criação de animais são também áreas em que podem destacar-se os nativos de Sagitário.

O ascendente em Sagitário costuma dar estatura alta, corpo bem formado, ossos grandes, pés e mãos grandes, tendência à obesidade, vitalidade, calvície precoce nos homens, testa grande, rosto ovalado. Os movimentos são rápidos e algo nervosos. O olhar bondoso e a expressão distraída fazem pensar que está sempre muito distante. Na verdade, não se conforma com o que está acontecendo debaixo de seu nariz. Precisa de algo mais, nunca se satisfaz com o presente, quando se dá conta dele. Por isso, não raro, perde boas chances, por viver sempre focalizando o inatingível.

Possuem afinidade com o signo:

Cores: púrpura, violeta
Metal: estanho
Pedras: granada, ametista
Perfume: cidra
Dia da semana: quinta-feira
Nota musical: Si
Sal bioquímico: Silicea
Apóstolo: Pedro
Instrumentos musicais: saxofone e órgão
Arcano do tarô: a Temperança
Animais: cavalo, hipopótamo, elefante, cão
Vegetais: cedro, cerejeira, mirra, álamo, sândalo, canela, malva
Países: Austrália, Espanha, Hungria, África do Sul
Personagens mitológicos: Zeus, Júpiter, Indra, Adad, Iansã

Capricórnio

22 de dezembro a 20 de janeiro

Certa vez, à margem de um rio, o deus Pã encontrou Tifon, adversário dos deuses e senhor da noite, da sombra e do mal. Ao vê-lo, Pã mergulhou no rio, dissimulando a metade inferior do corpo, que tomou a aparência de um animal aquático, enquanto conservava a cabeça e o tronco de cabra. Isso mostra o caráter duplo desse signo, com uma face que enfrenta abertamente os obstáculos, ao passo que a outra se mantém oculta. Outra versão mitológica desse signo seria a lenda da cabra divina Amaltéa, que nutriu Zeus quando criança, dando-lhe mais tarde um filho, que o ajudou na luta contra Saturno e os Titãs. A vontade divina aqui se cristaliza, tomando forma material. Na tradição cristã, seria a chamada encarnação do Verbo (notar que a anunciação se dá no signo de Áries e o nascimento de Cristo é celebrado no mês de dezembro, em Capricórnio).

O signo de Capricórnio marca a época do ano mais difícil de suportar, o início do inverno no hemisfério norte, quando o frio e o gelo dão a tudo um aspecto triste e desolador. Os animais hibernam e, no subsolo, a vida continua, num processo silencioso, porém árduo e concentrado. Tal atitude pode ser vista no capricorniano, que, muitas vezes, despoja-se voluntariamente do prazer para se dedicar ao trabalho, sujeitando-se ao rigor das normas e condições e à dura realidade. Regente desse signo, Saturno é chamado senhor do tempo e do destino, contra os quais luta o capricorniano, para decidir a sua própria vida. Nem sempre opta pela decisão mais brilhante, mas pela mais sábia e mais prática. Sua parte oculta é a de animal aquático, emotivo, sexual. É o seu demônio pessoal, escondido pela sua atitude formal e reservada. Cauteloso com as paixões, no fundo precisa de segurança e estabilidade nas relações. A disciplina, a responsabilidade e a paciência permitem-lhe grandes realizações. A tendência à solidão, à avareza e ao orgulho às vezes lhe causa muitas frustrações.

No corpo, Capricórnio rege o esqueleto, os dentes, a pele, o estômago (por oposição a Câncer), os joelhos. Os nativos têm, por isso, predisposição para afecções ou fraturas nos ossos, doenças na pele, digestão difícil.

Por sua grande capacidade de trabalho, planejamento e organização, os nativos desse signo procuram áreas que envolvam concentração, recolhimento, paciência, responsabilidade, perseverança, método, tais como a administração de empresas, a política, a engenharia, a matemática, a mineração, a biblioteconomia, a agricultura, os negócios e as finanças. A ascensão profissional costuma ser lenta e difícil, porém não raramente atinge os postos mais altos.

O ascendente em Capricórnio dá, em geral, estatura média ou baixa, corpo ossudo ou magro, olhos pequenos e fundos, pele terrosa, expressão severa, tendência a formar rugas precoces. Seu modo de andar inclinado para frente lhe é muito característico. Na infância, a vitalidade é baixa, com muita predisposição para doenças e fraturas nos ossos, afecções na pele ou nos dentes. Porém, com o tempo, a saúde melhora, permitindo chegar a uma idade bastante avançada, na maioria dos casos. No seu modo de agir, predomina a cautela, os gestos são lentos, pois teme dar um passo em falso. Precisa encontrar o papel social que lhe encaixe como uma luva.

Possuem afinidade com o signo:

Cor: cores escuras, preto, marrom
Metal: chumbo
Pedra: ônix
Perfume: tabaco
Dia da semana: sábado
Nota musical: Ré
Sal bioquímico: Calcarea Phosphorica
Apóstolo: André
Instrumento musical: gongo
Arcano do tarô: o Diabo
Animais: noturnos e solitários. Besouro, urso, camelo, cabra, tartaruga, coruja, mocho
Vegetais: plantas duras ou com muita casca e os tubérculos em geral. Cebola, mandioca, beterraba, cacto
Países: Índia, Afeganistão, México, Bulgária
Personagens mitológicos: Saturno, Cronos, Belial ou Belzebu, Hiroko, Pã

Aquário

21 de janeiro a 19 de fevereiro

O jovem e belo Ganimedes foi levado por Zeus à morada dos deuses, sendo encarregado de servi-los com o néctar da eterna juventude, que simboliza a Sabedoria que ensina, revivifica e faz progredir. É, portanto, eterna e não tem idade. Ânforas, fontes e cavalos são símbolos acessórios desse signo, as primeiras representando o receptáculo material desse fluido etéreo que é a suprema sabedoria, e que, como tal, está sempre a escapar dos limites concretos, buscando espalhar-se por toda parte, beneficiando a todos. Os cavalos, por sua vez, simbolizam a união entre a matéria e o pensamento superior, entre o céu e a terra. Pégaso, que hoje faz parte da constelação de Aquário, era o célebre cavalo alado que, com um coice, fez jorrar da rocha uma fonte, onde as musas vinham matar a sede.

No tempo de Aquário, auge do inverno no hemisfério norte, apesar do frio ainda intenso, a luz começa a brilhar mais forte, enquanto os dias alongam-se mais. No subsolo, sob a neve, começam a despontar as raízes, simbolizando a razão que procura orientar-se e adaptar-se às circunstâncias. O que durante tanto tempo estava recolhido começa a se comunicar com o meio ambiente. Essa tendência explica a disposição do aquariano de inovar, comunicar, liberar, enfim, fazer com que as suas ideias originais, inventivas e reformistas atinjam o máximo de pessoas. O espírito humanitário pode levá-lo a lutar pela fraternidade universal, ou a romper com as estruturas e as tradições, pois a independência lhe é fundamental, e dela não abre mão. Urano, como planeta regente, enfatiza a necessidade de mudança, de reforma total e de progresso. É isso que leva os aquarianos a estarem sempre à frente do seu tempo, sendo pioneiros nas teorias de vanguarda, nos avanços da ciência e da tecnologia.

No corpo, Aquário rege o sistema circulatório, as pernas e tornozelos, o coração e a visão (por oposição a Leão), dando, por isso, predisposição para varizes, problemas circulatórios, cardiopatias, artrite, afecções oculares.

Profissões que envolvam sociedades e grande número de pessoas, transportes aéreos, meios de comunicação, centros culturais, psicologia, metafísica, astrologia são as mais procuradas pelos nativos de Aquário. Nesse signo, também são muitos os filósofos, cientistas, pedagogos, escritores, psicólogos, cineastas, jornalistas, políticos, assistentes sociais, engenheiros eletrônicos, aviadores.

O ascendente em Aquário costuma dar estatura média ou alta, corpo sólido, nervoso, resistente, rosto triangular ou ovalado, cabeça bem desenvolvida e grande, com perfil delicado e firme, dentes, em geral, defeituosos. O olhar é ágil e vibrante, parece enxergar através das coisas.

Possuem afinidade com o signo:

Cores: azul, violeta, lilás, preto
Metais: chumbo, urânio

Pedra: ametista

Perfume: vetiver

Dia da semana: sábado

Nota musical: Ré

Sal bioquímico: Natrum Muriaticum

Apóstolo: Tiago Maior

Instrumento musical: flauta

Arcano do tarô: as Estrelas

Animais: pássaros exóticos, multicoloridos. Enguia, gaivota, andorinha

Vegetais: plantas com raízes aéreas, lilás, lentilha, cidreira, verbena

Países: Suécia, Rússia, Canadá e a China moderna

Personagens mitológicos: Urano, Anu, Kairós, Ganimedes, Oxalá

Peixes

20 de fevereiro a 20 de março

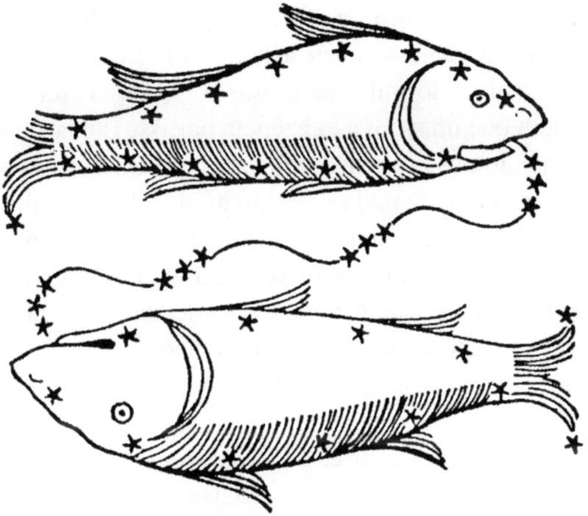

O gigante Tifon, senhor do mal, perseguia Afrodite e Eros, que mergulharam no rio Eufrates. Como teriam uma longa distância para percorrer a nado, Netuno, para ajudá-los, mandou dois delfins transportá-los para além do rio. Para recompensá-los, foi-lhes dada imortalidade e um lugar no firmamento, formando a constelação de Peixes.

Essa lenda simboliza a união dos opostos, através das duas divindades (o princípio masculino e o feminino), e seu mergulho no inconsciente – as profundas águas do Eufrates. Correriam o risco de perder-se num terreno desconhecido e numa jornada tão longa, não fosse a ajuda providencial dos delfins, que, no seu papel de mensageiros, fazem a ponte entre o mundo inconsciente e a realidade.

O signo de Peixes dá ideia de uma união simbólica entre o céu e a terra, para formação de um novo universo.

Por um instante, todas as coisas perdem a individualidade, fundindo-se num todo, que irá diferenciar-se numa etapa seguinte. Os peixes, símbolos da fertilidade, são também as duas energias primordiais, as duas direções e as duas forças opostas, sem as quais a criação é impossível.

O período correspondente a Peixes é o fim do inverno no hemisfério norte, quando começa o degelo e camadas de água principiam a cobrir a terra, infiltrando-se por toda parte, dissolvendo todas as coisas. O objetivo seria diluir tudo, para que uma nova existência partisse do nada. Todas as coisas são possíveis nessa fase em que o futuro está para chegar, mas não há nada definido ainda. Há um infinito de possibilidades, mas também muita incerteza. Essa noção de amplitude, de infinito, de incomensurável dá ao nativo de Peixes o impulso de abdicar de si para dedicar-se ao próximo, tornando-se uno com o universo. Traços piscianos típicos são a inspiração, a sensibilidade, a compaixão, o misticismo, a confusão, a indecisão, a adaptabilidade. O pisciano tanto pode voltar-se para as artes ou a filantropia, como preferir a vida reclusa, o sacerdócio, o misticismo.

No corpo, Peixes rege os pés, o sistema linfático, os fluidos do corpo, os intestinos (por oposição a Virgem), podendo ocorrer-lhe afecções nos pés, alcoolismo, distúrbios intestinais.

Profissões que requeiram navegar, fotografar, auxiliar, curar, proteger, dedicar-se aos outros são muito procuradas por nativos desse signo. As artes, a poesia, a dança, o serviço social, a medicina, a enfermagem, a marinha, a vida religiosa, as atividades com substâncias líquidas e gasosas (bebidas, petróleo, gás).

O ascendente em Peixes costuma dar estatura média ou baixa, corpo forte e carnudo, formas cheias, ombros baixos, andar vagaroso, com os pés voltados para dentro. Os olhos grandes e arredondados têm uma expressão sonhadora e parecem não focalizar os objetos. Tem que olhar para o todo, para além do que está vendo, e acreditar em algo maior, que compreenda tudo.

Possuem afinidade com o signo:

Cores: verde-água, azul

Metais: estanho, platina

Pedras: água-marinha, coral, safira

Perfume: maresia

Dia da semana: quinta-feira

Nota musical: Si

Sal bioquímico: Ferrum Phosphoricum

Apóstolo: Bartolomeu

Instrumento musical: harpa

Arcano do tarô: a Lua

Animais: todos os anfíbios, peixes, aves marinhas. Albatroz, gaivota, pinguim, baleia, polvo, esponjas

Vegetais: liquens e plantas marinhas ou venenosas. Papoula, cogumelo, cânhamo, coca, algas, fungos, musgos, lótus, anêmona

País: Portugal

Personagens mitológicos: Netuno, Poseidon, Oanes, Omulu

Os dez planetas

O Sol ⊕

O Sol é o primeiro objeto de idolatria, tendo sido cultuado por todos os povos antigos como o princípio da paternidade, a origem do ser, o Grande Deus. Conduzido por Apolo, era como uma carruagem de grande brilho e beleza, surgindo no horizonte a cada novo dia. Outras vezes, era representado por um andarilho na sua jornada pelos céus. Seus braços ou raios doavam a vida diretamente ao homem. O famoso Colosso de Rodes era dedicado ao Sol. Em Roma, Aurélio associou o Sol ao culto do imperador, estabelecendo, desde então, a relação desse astro com a realeza. Reflexo disso pode ser visto, muito mais tarde, no fausto da corte do Rei Sol na França.

Em astrologia, o Sol governa o espírito, a vontade, a energia, a vitalidade, a integridade, a consciência, a liderança, a organização e o poder. É o princípio masculino, o positivo, o ativo, o Yang.

O Sol corresponde à identidade básica, ao redor da qual gravitam todos os aspectos da personalidade do indivíduo. Representa a libido. Todas as imagens de respiração, fogo, vento, chama, luz. O poder de procriação e a força masculina. Simboliza a saga da consciência em busca de recapturar o princípio antagônico e que também lhe é complementar – a Lua, o inconsciente.

No corpo, são órgãos e funções regidas pelo Sol o coração, o sistema circulatório, a coluna vertebral, o timo, a vitalidade e a saúde em geral.

As qualidades solares são a coragem, a dignidade, a honra, a lealdade, a generosidade, a liderança. E também o egocentrismo, a megalomania, o exibicionismo, o orgulho, a ostentação, a arrogância, o despotismo.

Personificações do Sol são o rei, o pai, o marido, o presidente, o imperador, os líderes, o artista, o maestro, o ator, o herói. Tudo o que for suntuoso, brilhante, de grande valor, magnificente, elevado e nobre.

O Sol é o centro do nosso sistema solar, sendo uma das estrelas da Via Láctea. Sua massa é cerca de 335 mil vezes maior que a da Terra, dela distando 149 milhões de quilômetros. A desintegração dos elementos que o constituem produz luz e calor. Seu campo eletromagnético chega a influenciar a órbita de Plutão, o mais distante dos planetas. As manchas, eclipses e erupções solares estão se tornando alvo de estudo por parte de vários cientistas, pois parecem ter relação importante com fenômenos diversos no nosso planeta.

O Sol rege o signo de Leão, como fonte da libido e da autoconsciência. Em Roma, oferecia-se no mês de agosto um sacrifício público ao Sol, que nessa época atingia o máximo de seu fulgor. Sua exaltação se dá em Áries, onde a identidade está mais fortemente afirmada. Exilado em Aquário, sua influência aí se acha diluída pelo espírito humanitário. Em Libra, acha-se em queda, pois a sua força é apagada pela importância que a outra pessoa assume para o nativo desse signo.

A Lua ☾

A divindade mais importante depois do Sol, a Lua, era cultuada como esposa do Sol, ou como sua irmã gêmea Ártemis, na Grécia, ou Diana, em Roma, sendo a deusa da castidade e da pureza, mas também da fertilidade. Como deusa da caça, Diana governava os bosques, os animais selvagens, a vegetação, os regatos e as grutas. Era também protetora das mulheres que estavam para dar à luz. No seu templo em Éfeso – uma das sete maravilhas do mundo antigo –, a deusa era representada com atributos de exuberante fecundidade, ostentando múltiplos seios, o que lhe valia o sobrenome de "Multimama".

A Lua regia a fertilidade como a Grande Deusa ou a Deusa Tripla. O crescimento, a concepção, o declínio e a morte estavam em suas mãos, e suas mudanças mensais eram relacionadas aos seus lados escuros e claros. Inconstante, caprichosa e volúvel, do lado claro era benevolente e maternal, seu lado escuro representava o reino das sombras, onde predominavam o sono, a inconsciência e a morte.

Representa o princípio feminino, negativo, passivo, Yin. O inconsciente, os sentimentos, as emoções, o ritmo, as respostas instintivas, a reflexão, a alma, a mãe, a família, as massas, a popularidade. As flutuações, a instabilidade, a sensibilidade, a memória, o instinto maternal. A Lua estabelece o tônus da vida, exercendo papel de agente transmissor de todos os eventos, pois a cada mês percorre todos os signos do Zodíaco, ativando o ciclo vital em nível emocional, trazendo à tona tensões latentes, através dos sentimentos.

No corpo, a Lua rege o estômago, a fertilidade, os ovários, o sistema linfático, os seios, os fluidos orgânicos, o cerebelo, o pâncreas.

As qualidades lunares são a imaginação, a intuição, a capacidade de dedicação e entrega, a natureza maternal, a riqueza de sentimentos e de afeição. E também a inconstância, a instabilidade, as fantasias exageradas, a preguiça, a insegurança, as manifestações infantis, caprichosas e volúveis.

Personificações da Lua seriam a mãe, a esposa, a irmã mais velha, a mulher de um modo geral, o bebê, o povo. Representa o psiquismo primário, a força vegetativa, tudo o que liga o homem à natureza.

A Lua é o satélite da Terra, dela distando 383 mil quilômetros. Deslocando-se na sua órbita elíptica ao redor do nosso planeta, para ele envia o reflexo da luz que recebe do Sol. Isso é o que determina as mudanças de aspectos, chamados de fases da Lua. Mês sinódico, ou lunação, é o período entre duas luas novas, durando 29 dias e meio, sendo de fundamental importância em astrologia. Os ritmos da Lua e sua repercussão sobre as marés, o ciclo reprodutor dos animais, o psiquismo, o clima, entre outras coisas, têm sido observados desde os tempos antigos. Sobretudo a Lua Nova tem sido apontada como agente dinamizador de processos, à medida que vai transitando pelos vários signos do Zodíaco.

A Lua rege o signo de Câncer, simbolizando o arquétipo feminino e o lar. Está exaltada em Touro, como a doadora de forma e beleza. Em Capricórnio, está em exílio, pois o realismo refreia a sua ação. Em Escorpião, está em queda, possuindo pouca ou nenhuma influência, pelo caráter duro e determinado desse signo e sua pouca tendência ao sonho.

Mercúrio ☿

Mensageiro dos deuses, Mercúrio era também seu intérprete e servidor incansável, demonstrando uma versatilidade que lhe dava aptidão tanto para as tarefas mais nobres, como para as menos honestas. Assim é que, a um mesmo tempo, era considerado deus dos ladrões, dos comerciantes, da astúcia, da eloquência, da escrita, da geometria, da aritmética e de tantas outras ciências. Ágil e vivaz, Mercúrio realiza a ligação entre a mente primária e a sabedoria. Traz sempre à mão o caduceu – bastão mágico imobilizando duas serpentes –, que simboliza a paz. Hábil e eloquente, Mercúrio ainda colocou duas asas no caduceu, representando a rapidez da comunicação. Seu culto era difundido desde o Egito até as Gálias.

Representa a mente, o intelecto, a rapidez do pensamento, a inteligência, os poderes da discriminação. A necessidade e a comunicação do conhecimento. Tudo o que faz a mediação entre sombra e luz, entre o inconsciente e o consciente, entre o masculino e o feminino. Na alquimia, era o intermediário hermafrodita no casamento entre o Sol e a Lua (*coniunctio*).

No corpo, Mercúrio rege o sistema nervoso, em especial os nervos motores, os órgãos da fala e da audição. Rege os pulmões, a respiração, a tireoide, o metabolismo, os braços e as mãos.

As qualidades mercurianas são a inteligência, a lógica, o raciocínio, a análise, a adaptabilidade, a destreza manual, a desenvoltura, a facilidade de expressão através da escrita e da fala. Mas também o cinismo, a instabilidade mental, a curiosidade mórbida, a desconfiança, a inconstância.

Personificações de Mercúrio são o arauto, o emissário, o comerciante, o jornalista, o estudante, o mediador, o carteiro, o ladrão, o escritor, os primos, os vizinhos.

Mercúrio é o planeta mais próximo do Sol, dele distando 57.663.000 quilômetros. Sua massa é cerca de 1/16 da do nosso planeta. Nunca está mais de 28 graus longe do Sol, do ponto de vista geocêntrico, por isso é que sempre há proximidade entre mente e espírito. A cada 88 dias completa uma revolução ao redor do Sol.

Mercúrio rege o signo de Gêmeos, como agente da comunicação. Governa também o signo de Virgem, como crítico e discriminador. Sua exaltação se dá em Aquário, pois, nesse signo, a comunicação recebe o auxílio da ciência e da tecnologia, influenciando a sociedade de modo muito mais abrangente. Em queda em Leão, pois a criatividade que caracteriza esse signo acha-se quase totalmente subjugada pela intuição e pela vontade, que predominam sobre o intelecto. Exilado em Sagitário, signo que busca transcender a realidade, em detrimento do intelecto mais concreto. Também exilado em Peixes, onde a compreensão se dá pela via intuitiva, muito mais que pela racional.

Vênus ♀

Nascida da espuma do mar, Vênus era a deusa do amor e da beleza, sendo muito homenageada na Antiguidade, quando lhe foram erguidos magníficos templos, como os de Amatunte, Cnido e Citera. De suas várias ligações com deuses, semideuses, reis e simples mortais, teve diversos filhos. O mais famoso deles é Cupido ou Eros, fruto da sua união com o deus Marte. Os gregos distinguiam três Vênus: a Urânia, ou celeste, que favorecia as artes, a música, a beleza; a sensual, que inclinava à sedução e à busca dos prazeres; a mais conservadora, que inspirava o amor casto e puro. As festas celebradas em sua honra eram das mais concorridas e, nessas ocasiões, ofertavam-lhe flores, frutos, perfumes e pequenos presentes. Na Babilônia, era identificada com a deusa Astarte, e já chamavam o planeta Vênus de "estrela de Astarte".

Vênus dá a capacidade para fazer contato com o meio exterior e com as pessoas pelo calor e intensidade dos sentimentos, que buscam a proximidade física, a harmonia, o equilíbrio entre tendências opostas. Tal equilíbrio é obtido de forma dinâmica em termos de relacionamento, e não de identificação com o objeto.

No corpo, Vênus rege os rins, o ventre, as nádegas, o ouvido, a garganta, o olfato, a gustação, o tato, a pele, o rosto e os cabelos. Isto é, os órgãos que contribuem para o equilíbrio interno e aqueles que estabelecem o contato com o meio ambiente, as formas, as superfícies, as cores, cheiros e sabores, e tudo que possa exaltar a acuidade sensorial.

As qualidades venusianas são a simpatia, a fidelidade, a gentileza, a dedicação, a cortesia, o senso estético, a serenidade e o desejo de harmonia. Mas também a indecisão, a ociosidade, o esbanjamento, a superficialidade, o exibicionismo, a leviandade e a gula.

Personificações de Vênus são a esposa, a amante, a atriz, a cantora, a bailarina, o poeta, o galã, o sócio, o vendedor de doces, a cozinheira, o cabeleireiro, a namorada, a corista, a prostituta. Pessoas que lidem com beleza, arte, comidas e bebidas, prazeres e diversões, roupas, flores, perfumes, cosméticos.

Com massa semelhante à da Terra, Vênus dista 107.727.000 quilômetros do Sol, em torno do qual completa uma revolução a cada 224 dias e sete horas. Seu brilho deve-se à sua atmosfera de dióxido de carbono, que reflete a luz do Sol.

Vênus rege o signo de Libra, inclinando ao refinamento e às relações com os outros. Em seu domicílio no signo de Touro, a harmonia é aplicada ao mundo físico. Sua exaltação se dá em Peixes, pois a enorme sensibilidade desse signo amplia ainda mais o senso estético e a dedicação ao próximo. Em Áries, está em exílio, sua influência nesse signo apaga-se pela força do "eu". Exilado também em Escorpião, signo caracterizado pela dureza de caráter e pela necessidade de transformação das coisas. Sua queda se dá em Virgem, onde a visão crítica e o apego à minúcia fragmentam a visão do todo, dificultando a busca da harmonia.

Marte ♂

Na antiga Grécia, o combativo Ares fomentava a discórdia e a guerra, sendo uma divindade pouco venerada. Já em Roma, Marte, como o deus da guerra, era o deus favorito, sobretudo nas épocas das grandes conquistas. Seus filhos Rômulo e Remo teriam sido os fundadores de Roma. No mês de março (dedicado a Marte) e em outubro, eram realizadas festas de caráter belicoso, com lutas, corridas de cavalos e sacrifício de animais a Marte. Além de vitória sobre os inimigos, rogava-se por boas colheitas. Isso porque Marte era também uma divindade protetora da vegetação, estimulando a germinação das sementes e o surgimento dos primeiros brotos, por ocasião da primavera.

Marte simboliza a força, o impulso, o desejo de conquistar, a coragem, o entusiasmo, a agressividade, a iniciativa, a liderança, a virilidade, o sexo masculino. Corresponde à afirmação agressiva do eu, impondo a sua marca através de uma ação direta e ativa. Marte representa o herói, como a manifestação mais pura da identidade, forçando a si mesmo de encontro ao mundo.

No corpo, Marte rege o sistema muscular, os glóbulos vermelhos, os órgãos sexuais, o calor do corpo, o sistema genital-urinário, os testículos e a adrenal. Todos os órgãos responsáveis pela dinâmica corporal, pelo vigor e resistência física.

As qualidades marcianas são a liderança, a audácia, a coragem, a autoconfiança, a vivacidade, o pioneirismo, a espontaneidade e o entusiasmo. Como também a precipitação, a ironia, a rivalidade, a inquietação, a crueldade, a libertinagem, a intolerância, a indisciplina e a impaciência.

Personificações de Marte são o soldado, o cirurgião, homens fortes, atletas, metalúrgicos, o maquinista, o assassino, o açougueiro, o rival, o marido, o guerreiro, o conquistador. Pessoas que imponham a sua opinião através da força física ou mental, que lidem com armas ou instrumentos de aço ou ferro (metais de Marte).

Marte dista 227.076.000 quilômetros do Sol. Sua massa é cerca de 1/10 da do nosso planeta. Completa a cada 397 dias e 22 horas terrestres uma revolução em torno do Sol. Sua superfície composta de ferro e alumínio é que lhe dá a cor avermelhada.

Marte rege o signo de Áries, representando a agressão, a autoafirmação e o egocentrismo. Antigo regente de Escorpião, conferia a esse signo intenso desejo de reforma e espírito competitivo. Em Capricórnio, está exaltado, pois, nesse signo, o desejo de poder e posse material está enfatizado. Exilado em Libra, onde o “eu” tem papel secundário. Em exílio também em Touro, signo caracterizado pela fixidez e capacidade de aceitação. Sua queda se dá em Câncer, onde a sua influência diminui diante do desejo de proteção e de segurança.

Júpiter ♃

Filho de Saturno e de Reia, Júpiter destituiu seu pai do trono, tornando-se senhor absoluto dos céus. Com raios, enfrentou seus maiores inimigos, dando mostras de sua força e coragem. Entretanto, muitas vezes sucumbiu aos prazeres da vida e, sobretudo, do amor. Desposou sua irmã Juno, mas seduziu inúmeras outras deusas, ninfas e mortais, com as quais teve um grande número de filhos, deuses e semideuses. Seus oráculos em Dodona e na Beócia eram muito frequentados, também porque era a divindade que fazia cair a chuva. Na Grécia e em Roma, o carvalho lhe era consagrado, e esse traço mantém-se em outros povos, como os celtas, eslavos e germânicos, que cultuavam Júpiter como uma divindade silvícola de grande poder fertilizador.

Júpiter representa a amplificação, a abrangência, o desabrochamento, o crescimento físico ou psíquico, a dilatação, a expansão, a integração otimista da pessoa à existência, através do seu contínuo progresso em termos individuais e sociais. O direito, as leis, as regras, o culto, a fé, a justiça, a ordem e o conhecimento. Simboliza a capacidade do organismo, ou do espírito, de se expandir para além de seus limites, através das grandes viagens, dos estudos superiores, da fé e da justiça.

No corpo, Júpiter rege o maior órgão, o fígado. O sangue arterial e a sua circulação, os músculos, a nutrição e o desenvolvimento celular, o processo de procriação e gestação, a gordura e o açúcar no corpo, todos os processos de acúmulo e armazenamento de substâncias no organismo.

As qualidades jupiterianas são a sabedoria, a tolerância, a jovialidade, a nobreza, o otimismo, a generosidade, o altruísmo, os dons pedagógicos, o senso de justiça. Como também a leviandade, a superficialidade, a ostentação, a presunção, o exagero, a megalomania, a excessiva indulgência.

Personificações de Júpiter são o mestre, o guru, o juiz, o conselheiro, o banqueiro, o sacerdote, o grande negociante, o mecenas, o amigo generoso, o embaixador, os grandes esportistas.

Pelo seu brilho e suas dimensões, Júpiter é o planeta mais importante do sistema solar, possuindo massa cerca de 318 vezes maior que a da Terra. Dista do Sol 775.247.000 quilômetros, e ao redor dele completa uma revolução a cada doze anos. Tal como o Sol, Júpiter é composto principalmente de hidrogênio, apresentando forte campo magnético e um complexo sistema de emissão de radiações. Suas treze luas gravitam ao seu redor, constituindo um pequeno sistema solar.

Júpiter rege o signo de Sagitário, permitindo a percepção da identidade superior. Governa também o signo de Peixes, dando o distanciamento filosófico do mundo exterior. Exaltado em Câncer, torna a natureza religiosa da alma permeável aos sentimentos e emoções. Também porque aí exerce, com toda a plenitude, seu papel fertilizador. Seu exílio se dá em Gêmeos, pois a mutabilidade dificulta o aprofundamento. Exilado também em Virgem, onde o apego ao detalhe não permite a noção de amplitude. Em queda em Capricórnio, pois nesse signo predomina o movimento de contração, restrição, esforço e reserva.

Saturno ♄

Filho de Urano (o Céu) e de Geia (a Terra), Saturno revoltou-se contra o pai, usurpando-lhe o trono. Através de uma profecia, sabia que seria destronado por um filho e, temendo que isso se realizasse, devorava os filhos logo que nasciam. Entretanto, através de um estratagema, Reia, sua mulher, conseguiu salvar Júpiter. Este tornou-se o mais forte dos deuses, destronou o pai e exilou-o no Lácio. Recebido por Jano, que lá reinava, Saturno iniciou uma nova era, civilizando os povos selvagens e ensinando-os a cultivar a terra. Essa época de abundância e prosperidade foi chamada de

Idade de Ouro, e nela não havia escravidão nem propriedade privada, tudo pertencendo a todos. O culto a Saturno era muito difundido entre os romanos, que o adoravam como o deus da semeadura e da colheita, dedicando-lhe, no mês de dezembro, as famosas saturnálias, festividades cujo objetivo era comemorar o feliz reinado de Saturno.

O mito de Saturno revela-se, portanto, em três estágios. Os dois primeiros caracterizam-se pela luta obstinada para defender a sua individualidade. No último estágio, o seu ressurgimento em plena glória simboliza a transformação que se processa com a sua queda, ou morte, à semelhança da semente que morre para frutificar.

Saturno representa a prova a ser vencida, através do esforço, da penitência, do sacrifício, da perseverança. Representa a estrutura e o processo de estruturação, a concentração, as crises conscientizadoras, a estimação dos eventos à luz da razão, a construção, a duração, a rigidez, as adversidades da vida. Todos os desafios e obstáculos, cuja lenta superação pressagia uma fase de maturidade e sabedoria.

No corpo, Saturno rege os ossos, os dentes, a pele, as cartilagens, os joelhos e as articulações.

As qualidades saturninas são a capacidade para o trabalho contínuo e disciplinado, a profunda seriedade, a economia, a abnegação, a persistência, a prudência, a ponderação, a responsabilidade, o senso do dever, a paciência. Assim como a severidade, a avareza, a insensibilidade, o egoísmo, a lentidão, a desconfiança, o pessimismo, a melancolia.

Personificações de Saturno são os anciãos, os sábios, o eremita, o pesquisador, o agricultor, o mineiro, o pedreiro, o antiquário, o administrador, o monge; as pessoas autoritárias, respeitadas e idosas; aqueles que se ocupam de trabalhos pesados ou que requeiram concentração e isolamento.

Saturno é o último planeta visível a olho nu da Terra, distando cerca de 1.421.460.000 quilômetros do Sol, ao redor do qual completa uma revolução a cada 29 anos e meio. Sua massa é cerca de 95 vezes maior que a da Terra. O planeta é composto de amônia e gás metano, e seus famosos anéis são camadas de partículas de gelo que o circundam como se fossem um halo. Dez satélites gravitam ao seu redor, um deles (Titan) do tamanho de Marte.

Saturno rege o signo de Capricórnio, exercendo aí as suas forças restritivas, defensivas e conservadoras. É também regente de Aquário, inclinando à abnegação e abstração de si mesmo, em favor dos ideais humanitários. Exaltado em Libra, onde o tempo leva ao equilíbrio e força a sublimação. Seu exílio se dá em Câncer, pois nesse signo sua influência submerge nas emoções, ou bloqueia os sentimentos. Também exilado em Leão, pois nesse signo restringe o fluxo criativo, dificultando a realização pessoal. Em queda em Áries, onde refreia a impulsividade, o dinamismo e a iniciativa.

Urano ♅ ⛢

Filho do Mar e da Terra, Urano era o mais antigo dos deuses. Da sua união com a sua mãe, nasceram os Titãs, os Gigantes, e também Saturno. Este rebelou-se contra o pai, que atirava seus filhos nos infernos logo ao nascer. Com uma foice, castrou e matou Urano, ocupando seu trono. Urano era o deus do céu, a divindade primitiva do universo. Para criar a primeira polaridade, atirou seus irmãos, os Ciclopes, tão profundamente nos infernos, quão alto ele se encontrava no céu.

Por reger o firmamento e o ilimitado, Urano simboliza o desejo de liberdade pessoal, a força decisiva para a ação que se manifesta nas mudanças repentinas, o poder mental que transforma, reforma e revoluciona. Representa a inventividade, a independência, a intuição, a excentricidade, a inovação; a capacidade de integração de todas as influências coletivas, sociais, comunitárias; a comunicabilidade e a influência dos meios de comunicação sobre as gerações; a simultaneidade de acontecimentos sem aparente relação de causa e efeito.

No corpo, Urano rege os ritmos do organismo, que lhe são transmitidos por Mercúrio, sua oitava inferior. A atividade elétrica do cérebro, o sistema nervoso. As pernas. A aura, o corpo etéreo, ou o campo eletromagnético de cada pessoa.

As qualidades uranianas são a originalidade, a criatividade, a coragem, a amizade, o humanitarismo, a versatilidade. Como também a rebeldia, o fanatismo, a extravagância, o horror a qualquer tipo de vínculo.

Personificações de Urano são o astrólogo, o psicólogo, o inventor, o pesquisador, o revolucionário, o engenheiro eletrônico, o artista, o agitador, o jornalista, o especialista em meios de comunicação.

Urano foi descoberto em 1781, por William Herschel. Sua massa é cerca de catorze vezes maior que a da Terra, e dista do Sol 2.857.820.000 quilômetros. A cada 84 anos completa uma revolução em torno do Sol. Sua cor é amarelada, e suas cinco luas orbitam de maneira retrógrada, ao contrário dos outros planetas e satélites. Urano distingue-se dos demais planetas porque o seu eixo inclina-se num ângulo de 82 graus em relação ao plano da eclíptica.

Urano rege o signo de Aquário, pela sua necessidade de mudança, de inovação e de independência. Está exaltado no signo de Escorpião, pela sua inata capacidade de percepção dos ritmos universais, que são a base da metafísica, determinando o fim e o início de todos os ciclos vitais. Exilado em Leão, sua influência nesse signo é apagada pelo brilho pessoal e a importância que é dada ao ego. Em queda em Touro, pela fixação às raízes e aos padrões tradicionais.

Netuno ♆

Deus do mar, Netuno reinava severo e cheio de mistérios, sendo cultuado principalmente pelos pescadores e marinheiros. Seus templos eram construídos sobretudo em cidades próximas ao mar, e, nos seus altares, eram imolados bois e cavalos, dos quais lhe era oferecido o fel. Tinha o dom de mudar de aparência, transformando-se em diversos animais. No mês de julho, no auge da seca, os romanos celebravam as netunais, em honra a essa divindade das águas, rogando-lhe por chuvas.

Netuno representa a fantasia, a ilusão, o devaneio, a realidade transposta em imagens ou reflexos, a miragem, o invisível, o indefinido, a dissolução de fronteiras, a integração com o todo. A submersão do consciente no inconsciente, o inconsciente coletivo. Rege a atividade psíquica, a mediunidade, os sonhos, a sensibilidade, os estados sob o efeito de drogas. Inclina ao misticismo, à arte, à criatividade, ao contato com a natureza.

No corpo, Netuno rege a glândula pineal, o sistema linfático, o líquido amniótico, a lágrima, o suor, a vida do feto, os pés; o sexto sentido, a aura, o corpo astral.

As qualidades netunianas são a intuição, a inspiração, o idealismo, o amor universal, a riqueza de sentimentos e de afetos, a simpatia, a caridade, o desprendimento, a inclinação para as artes. E, igualmente, a dispersão, a desorganização, a fuga, a indolência, a hipersensibilidade, o irrealismo e a inércia.

Personificações de Netuno são o místico, o ocultista, o músico, o médium, o pescador, o marinheiro, o alcoólatra, o poeta, o profeta, o traidor.

Descoberto em 1846, Netuno possui massa cerca de dezessete vezes maior que a da Terra. Dista do Sol 4.480.430.000 quilômetros e, ao redor dele, completa uma revolução a cada 164 anos. Sua atmosfera é composta de hidrogênio, gás metano e água. Dois satélites – Tritão e Nereide – gravitam ao seu redor.

Netuno rege o signo de Peixes, pois a solidão e a sujeição às influências externas evocam a sensibilidade ao mundo psíquico. Em exaltação em Leão, onde impulsiona o idealismo e a criação artística. Seu exílio se dá em Virgem, onde a percepção do mundo processa-se através do detalhe e da minúcia, perdendo a relação com o todo. Em queda em Aquário, pela importância que se dá nesse signo ao saber científico em detrimento do conhecimento intuitivo e emocional.

Plutão ♇ ⯓

Senhor dos Infernos, Plutão era temido e pouco venerado pelos antigos. Nos seus altares, eram oferecidos ovelhas e touros negros, em cerimônias sombrias como o próprio deus. Solitário e rejeitado pelas donzelas do Olimpo, Plutão decidiu raptar a bela Perséfone, filha de sua irmã Deméter, abrindo um abismo sob os seus pés, enquanto ela colhia flores nos campos da Sicília. Inconsolável, Deméter suplicou a Júpiter que lhe fosse devolvida a filha. Caso contrário, nada mais faria brotar sobre a terra. Diante dessa ameaça, Júpiter conseguiu que Perséfone passasse seis meses nos infernos e seis na terra, onde, junto com a sua mãe, faria crescer as plantas, enchendo as planícies de flores e frutos. Essa lenda é uma alegoria ao processo de germinação, pois, durante os meses de inverno, os grãos jazem sob a terra e a vida refugia-se silenciosa no subsolo. Com a primavera, os brotos despontam, como se tudo voltasse à vida. Plutão é quem comanda esse estágio de morte aparente, durante o qual acontece o confronto com as forças mais profundas e mais secretas, que tudo transformam e regeneram. Findo esse processo, essa mesma força dá impulso a uma nova existência.

Plutão representa a energia criadora da natureza, o instinto de perpetuação das espécies, as forças maiores, a revolução interior, a regeneração, as forças ocultas que afetam sociedades inteiras. Plutão impele as transformações mais profundas, forçando o contato com os impulsos vitais, eliminando estruturas decadentes e dando lugar ao novo.

No corpo, Plutão rege os processos de regeneração, os anticorpos dos sistemas de defesa do organismo, os órgãos da reprodução, a sexualidade. Possui também influência nas doenças que acometem gerações inteiras – como a tuberculose, a sífilis, a peste – e nas doenças hereditárias.

As qualidades plutonianas são a criatividade, a profundidade, a capacidade de regeneração e transmutação. Assim como a violência, o espírito vingativo, a perversidade, a inconsciência. Ou seja, todos os sentimentos ou disposições de grande intensidade, que tanto podem conduzir à destruição como à regeneração.

Personificações de Plutão são o investigador, o cientista nuclear, o químico, o mago, o gângster, o alquimista; revolucionários, pessoas que lidem com as massas e os grandes reformadores da História – Calígula, Hitler, Lutero, Napoleão –, que impuseram suas ideias a milhares de pessoas; os psicólogos e psicanalistas.

Apesar de existirem evidências sobre a sua existência, Plutão não foi descoberto senão em 1930, por Percival Lowell. Sua massa é cerca de cinco vezes menor que a da Terra. Sua distância do Sol é da ordem de 5.854.210.000 quilômetros e, ao seu redor, completa uma revolução a cada 247,7 anos. Sua órbita muito elíptica e excêntrica força-o a passar períodos que vão de doze a 33 anos em cada signo. Acredita-se que seu efeito estimulante sobre a atividade solar seja responsável por grandes catástrofes naturais.

Plutão rege Escorpião, porque nesse signo define a destruição final e a regeneração. Exaltado em Aquário, onde as mudanças sociais são acompanhadas pela morte e transformação dos sistemas precedentes. Seu exílio se dá em Touro, pois a resistência à mudança e o apego aos valores tradicionais dificultam a sua ação. Em queda em Leão, onde o desejo de auto-afirmação e exaltação do ego torna difícil e doloroso o processo de morte e a consequente transformação.

A astrologia e o ideal de unidade

Cada pessoa é única, embora possua os mesmos constituintes físicos e psíquicos de seus semelhantes. De uma maneira paradoxal, é a identificação com o meio ambiente e com as outras pessoas que lhe permite conquistar a sua individualidade. Pois embora seja o centro de seu universo, o intercâmbio com o todo é que dá sentido e movimento à sua vida.

Essa relação entre macro e microcosmo é representada na mandala, cujo centro simboliza a força vital que tudo impulsiona e em torno da qual se tece a trama da existência. Tal como a semente no interior do fruto, ou o Sol, foco principal do universo físico. O círculo ao redor desse ponto seria a sua extensão, a dispersão das suas qualidades, a cristalização dessa energia primordial no meio exterior, o reflexo distante da sua essência original.

Imagem perfeita do Ideal, não é à toa que o círculo serve de base ao processo astrológico, que também é cíclico e circular.

Entre os hindus, o Karma impele o indivíduo a submeter-se à Samsara – a roda da vida – até identificar-se com a raiz de tudo o que move a sua existência – o centro da roda. A partir daí, torna-se possível a compreensão do que acontece na periferia.

Dinâmica semelhante é vista na astrologia, onde uma confrontação com o centro é promovida. Essa forma de visão, muito mais abrangente e real, vai permitir uma identificação melhor com os processos vitais, de modo a torná-los mais verdadeiros e compreensíveis.

A dualidade na astrologia

A ideia da existência de dois polos antagônicos, de cuja interação resulta a vida, serve de fundamento para diversos sistemas filosóficos e religiosos. Isso porque o caminho para a unidade implica a união dos opostos, o *coniunctio*, ou casamento do Sol e da Lua, para os alquimistas, o equilíbrio entre Yin e Yang, para os taoístas; a relação entre positivo e negativo, masculino e feminino, claro e escuro, o Bem e o Mal. A dualidade elementar dá origem à polaridade e ao primeiro ritmo (binário). As sementes da harmonia, assim como as da discórdia, germinarão desse intercâmbio entre os opostos, que, numa etapa transcendental, reflete a relatividade complementar.

Em astrologia, o dia e a noite dividem o horóscopo em dois hemisférios, a partir do horizonte – a reta traçada do ascendente ao Descendente.

A metade superior contém as casas diurnas, representando o mundo exterior, a vida social, as atividades públicas, os acontecimentos mundanos. Simboliza a consciência, tudo o que é claro e objetivo, e as influências diretas sobre o sujeito.

O hemisfério inferior contém as casas noturnas e simboliza a vida interior, o passado, os anseios íntimos, os sentimentos, a base emocional do sujeito. É o Inconsciente, tudo o que é subjetivo, nebuloso e que influencia indiretamente o sujeito.

Esse lado inconsciente vem à tona através do ascendente, sob a forma de estigmas físicos, ou pelo modo de agir da pessoa. Isto é, pela exteriorização de pulsões interiores nas atividades mais diversas, o ascendente promove a união desses dois hemisférios, a consciência e o inconsciente. Através da ação (e não da inércia), do movimento em direção ao equilíbrio, instaura-se a harmonia.

Os quatro elementos

Diversas culturas incluem os quatro elementos nas suas tradições filosóficas, religiosas ou mitológicas como sendo manifestações da energia primária, chamada de prana, força vital, Ki, entre outras denominações.

A medicina chinesa e a acupuntura citam cinco elementos: madeira, fogo, terra, metal e água. O elemento madeira representa o éter, que não é mencionado na tradição ocidental, visto ser diferente dos demais e fonte de todos os outros elementos.

Os quatro elementos explicam a doutrina tradicional oculta, haja vista a sua correlação com os chamados corpos sutis, ou campos de energia interpenetrantes.

A água é relacionada com o corpo astral ou emocional, com os anseios, reações e desejos. Atua de maneira oculta, possuindo polaridade negativa e vinculando todas as coisas umas às outras. Passiva, plástica, indiferenciada, a água simboliza a imaginação, a sensibilidade, a fantasia, o Inconsciente e a inspiração.

O ar está ligado ao corpo mental ou causal, representando a sintonia com os padrões de pensamento abstrato, com as ideias. De polaridade positiva, promove as relações entre as pessoas como agente comunicador. Agindo no plano da intuição, rege também o intelecto, a expressão das ideias, a comunicação, a mobilidade.

A terra simboliza o corpo físico, a afinidade com o mundo das sensações físicas e formas materiais. Sua polaridade é negativa, daí a disposição para receber, reter e realizar. Como agente estruturador, simboliza a resistência, a praticidade, o método, a concentração.

O fogo representa o corpo vital ou etéreo, que transforma as energias da água e do ar, de modo a poder manter as funções do corpo físico. De polaridade positiva, atua no plano mental como agente transmutador. Simboliza a conquista, o dinamismo, a vitalidade, a coragem e a independência.

O fogo e o ar são elementos ativos, masculinos, autoexpressivos, positivos e Yang.

A água e a terra são passivos, femininos, autorrepressivos, negativos e Yin.

O triângulo do Fogo – Áries, Leão, Sagitário

Áries representa o desejo de explorar e conquistar; Leão, o impulso para criar e amar; Sagitário, por sua vez, quer expandir e compreender. Em todos os três, existe necessidade de autoexpressão, aliada à vitalidade, ao entusiasmo e à confiança em si mesmo.

O triângulo da Terra – Touro, Virgem, Capricórnio

Touro representa o desejo de segurança material e de posse. Virgem relaciona-se com o trabalho e a saúde do corpo. Capricórnio associa-se à ambição, ao desejo de poder, prestígio e realização social e profissional. Em todos os três, existe o esforço para compreender e controlar o mundo físico, suas formas e leis.

O triângulo do Ar – Gêmeos, Libra, Aquário

Gêmeos simboliza o intelecto, a educação, a comunicação e o movimento. Libra representa a busca da integração ou do equilíbrio entre as tendências opostas, a relação pessoa a pessoa. Aquário representa um estado de consciência coletiva, no qual o indivíduo passa a defrontar-se com o seu papel na sociedade, integrando-se a ela de modo voluntário, consciente e responsável.

O triângulo da Água – Câncer, Escorpião, Peixes

Câncer representa o sentimento interior de segurança, o inconsciente pessoal, as reações instintivas impostas numa fase primária do desenvolvimento. Aqui, o indivíduo é submetido a forças e pressões emocionais que o ambiente exerce sobre ele, moldando a sua personalidade. Em Escorpião, esse mesmo indivíduo fará do seu sentimento um canal de expressão e contato nos seus relacionamentos pessoais – o fluxo de sentimentos será agora entre ele e os outros. Em Peixes, a experiência adquirida é oferecida à comunidade para a evolução do grupo. Ele torna-se parte de um contexto maior. Em todos os três signos, existe a ligação com as emoções e o que as motiva inconscientemente.

Triplicidade em astrologia
Os modos dos signos

As energias dos elementos fogo, terra, água e ar podem ser ativadas de três formas fundamentais: cardinal ou dinamizadora, fixa (a energia é introjetada) e mutável ou neutralizante.

Os signos, em cada quadruplicidade, encontram-se dispostos a 90 graus um do outro, formando quadrados e cruzes que, em astrologia, são chamadas de Grandes Cruzes.

Grande Cruz Cardinal – coincide com as divisões em quadrantes, os pontos cardinais, os equinócios e os solstícios e os ângulos do horóscopo. A Grande Cruz Cardinal é ativa, cinética e inicia o movimento em cada quadrante.

Os signos cardinais são Áries, Câncer, Libra e Capricórnio.

Grande Cruz Fixa – é o modo mais estável, ocupando o centro de cada quadrante, com influências conservadoras, centrífugas e dominadoras.

Os signos fixos são Touro, Leão, Escorpião e Aquário.

Grande Cruz Mutável – tem modo instável, flexível, mediador, pois está ligada às cruzes cardinais e fixas. Os signos mutáveis são influenciados pelo meio externo, mostrando adaptabilidade às circunstâncias mais diversas.

Os signos mutáveis são Gêmeos, Virgem, Sagitário e Peixes.

A carta natal

A carta natal pode ser montada para o nascimento de qualquer coisa – uma empresa, um animal ou uma pessoa. Neste livro estamos focados em entender a carta natal de indivíduos.

Trata-se de uma fotografia do céu na hora e no local em que uma pessoa nasce e é montada para o momento em que dá sua primeira respiração, começando a viver como um ser independente de sua mãe. Para a elaboração desse mapa, tomamos a Terra como centro de nosso sistema porque é o ponto de referência, onde está acontecendo o evento.

A carta também é chamada horóscopo natal, mapa natal, mapa astrológico, carta astrológica e outros termos igualmente válidos.

O mais importante é que para montar um mapa natal necessita-se de certos dados fundamentais: data exata do nascimento (dia, mês e ano), local de nascimento (cidade e país) e horário (lembrando que no verão muitos países acrescem uma ou mais horas à hora oficial – para obter a hora verdadeira deveremos subtrair essas horas do horário fornecido).

Atualmente, existem programas de computador ao alcance de todos que permitem calcular um mapa astrológico em poucos minutos. No entanto, nem sempre foi assim. Achamos útil mostrar a seguir alguns conceitos para um melhor entendimento do mapa natal.

A astrologia vai observar o movimento dos planetas que compõem o sistema solar, do Sol e da Lua.

Para determinar a localização da Terra, os astrólogos utilizam a teoria astronômica clássica usada para calcular as posições planetárias. O cálculo consiste em fixar o planeta Terra e determinar os outros planetas do sistema solar em relação a ela (como se os planetas girassem em torno da Terra). Em termos simbólicos, a Terra é o centro do mapa astrológico.

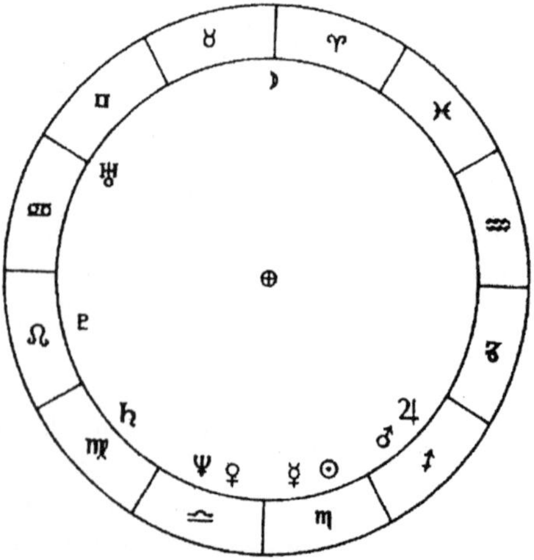

No sentido astrológico, o movimento mais importante é o do Sol, que em seu movimento anual em torno da Terra descreve no céu um círculo máximo denominado eclíptica (como, uma vez por ano, a terra descreve um giro completo em torno do Sol, este dá a impressão, visto da Terra, de dar uma volta na eclíptica neste período).

Existem doze signos que formam uma faixa de energia de cerca de 17° ao longo da eclípica, o Zodíaco, e cada signo ocupa um campo fixo de 30º. Nesse campo se movem os planetas. Eles transitam, com diferentes velocidades, de um signo a outro num ciclo perpétuo. Os planetas que estão mais próximos se movem mais rapidamente, e estes são Sol, Lua, Mercúrio, Vênus e Marte. Já os planetas mais distantes giram com mais lentidão e são Júpiter, Saturno, Urano, Netuno e Plutão.

Em seu curso, o Sol move-se aproximadamente um grau por dia, levando um mês para transitar por um signo inteiro, e percorre o Zodíaco em um ano. A expressão "signo solar" refere-se à posição do Sol no momento em que uma pessoa está nascendo. Por exemplo, quando se diz que uma pessoa é nascida em Virgem, significa que o Sol dessa pessoa está localizado em algum dos 30º do signo de Virgem e que nasceu entre os dias 23 de agosto e 23 de setembro.

Tanto quanto dividimos a eclíptica em doze signos, começando com 0° de Áries, dividimos a carta natal em doze casas, com significados analógicos aos doze signos. A primeira casa inicia-se com o ascendente, o ponto que estava no horizonte leste quando ocorreu o nascimento ou evento.

Se pensarmos os signos como energias inerentes à nossa anatomia física e psíquica e os planetas como modificadores expressivos desses padrões, as casas podem ser consideradas como o ambiente externo por onde essas energias se expressam e podem ser modificadas.

As casas astrológicas

O caminho do Sol revelando os doze campos de experiência. A mandala da natureza humana, que coloca o indivíduo como centro do universo e o integra com o todo e com as diversas áreas da sua personalidade.

A astrologia procura, através do estudo do tema natal, definir a natureza fundamental da pessoa, integrando, como em uma mandala, todos os aspectos da sua personalidade. Esses diversos campos de experiência são representados pelas chamadas "casas astrológicas". Por ser centrada no indivíduo, a astrologia considera tudo o que se move no universo – as estrelas, as constelações, os planetas, o Sol e a Lua – em relação ao sujeito. Na verdade, o Sol seria o fator dominante nessa forma de observação, e as constelações formariam o cenário para os seus movimentos em relação à Terra e, consequentemente, também ao homem.

Com base nesse raciocínio, observou-se que o Sol, na sua trajetória durante um dia, ressalta uma região do Zodíaco a cada período de sua jornada. Da divisão dessas fases resultam as casas astrológicas que simbolizam as diversas áreas da vida do sujeito. Por exemplo, a primeira casa, ou o ascendente, corresponde à região do Zodíaco que ocupa o horizonte oriental (o leste, onde nasce o Sol) por ocasião do nascimento da pessoa, no momento em que ela "veio à luz". Sendo a primeira casa, o ascendente tem relação com o alvorecer, o nascimento. Ao meio-dia, o Sol brilha ao máximo, iluminando aquela parte à qual se procura dar mais importância. Por isso, o Meio do Céu, como é chamado esse ponto, que é o mais elevado do mapa natal, representa a vida social e profissional e a relação com tudo que tem ascendência sobre o indivíduo. As outras casas são projeções dessas duas primeiras, pois, ao entardecer, o Sol se põe do lado oposto onde iniciou o dia, ou seja, no ponto oposto ao ascendente. Focaliza, então, aquilo que lhe é contrário, antagônico, mas também complementar. Da mesma forma, à meia-noite, o Sol oculta-se na região oposta àquela que ocupou ao meio-dia. Lá, tudo era claro, consciente, dominante. Aqui, numa casa onde reina a Lua, predomina a sombra, o inconsciente, o passivo; mas também a fantasia, a imaginação, a memória e a vida emocional.

Essas são as casas chamadas "angulares" ou "cardinais", que se referem à individualidade, à descoberta do ser. A cada uma delas, seguem-se as "sucedentes" ou "fixas", relacionadas à utilização de suas capacidades (ou posses) físicas e psíquicas. As quatro últimas casas são as "cadentes" ou "mutáveis", que têm por objetivo promover, através da experiência, uma compreensão mais dinâmica das duas casas, angulares e sucedentes, que as antecedem. Ou seja, permitir a vivência da correlação entre o ser e o ter; entre a noção de identidade e os meios disponíveis para a ação.

Os métodos de divisão de casas astrológicas

A noção de casa astrológica tem uma base astronômica, determinando, através de cálculos matemáticos, doze zonas que são superpostas ao Zodíaco e que não podem ser observadas, como os planetas e os signos. As casas dão origem ao mapa astrológico e dependem do movimento de rotação da Terra em torno de si mesma em 24 horas.

O sistema de divisão de casas mais utilizado é o de Placidus, que se baseia no tempo levado para cada grau da eclíptica ascender no seu paralelo de declinação e que equivale ao tempo que o Sol leva para ir do ponto onde nasceu até o meio-dia. Este sistema funciona bem para lugares próximos ao Equador. Mas, quando se move para os polos, depara-se com um problema ainda sem solução: no Ártico e no Antártico, as casas não podem ser traçadas, pois durante muitos meses do ano o Sol não se levanta, ou não se põe.

Há outros métodos de divisão de casas, como os de Regiomontanus e de Campanus, que utilizam para cálculo o espaço (e não o tempo) entre o horizonte e o meridiano (entre o ascendente e o Meio do Céu). Todos esses métodos, e ainda os de Koch, Porfirius e o Topocêntrico, constituem os chamados sistemas quadrantes de divisão de casas.

O método mais simples é o que divide todas as casas em intervalos iguais de 30º, a partir do ascendente. Entretanto, nesse método, o Meio do Céu, ou a cúspide, ou início, da décima casa – de grande importância na interpretação do tema astral – cai a 90º do ascendente, o que nem sempre é exato.

Embora todos os sistemas possam ser utilizados, muitos astrólogos mostram preferência por alguns métodos. Mas isso apenas a experiência pessoal com os diversos métodos poderá ajudar a definir.

O zodíaco e as casas astrológicas

Ao sobrepor um círculo dividido em doze seções ao Zodíaco, cada casa é ocupada por uma região zodiacal. As casas são dispostas em sentido anti-horário, a partir do ascendente (embora a primeira casa se confunda com o ascendente, a rigor, este é a cúspide da casa 1), enquanto o Sol se move no sentido contrário (ou seja, horário).

As casas simbolizam os campos onde acontecem as experiências. Representam as maneiras possíveis de realização de todas as coisas em nível mundano, as circunstâncias existentes, conforme as quais os eventos vão atingir o sujeito.

Os signos e os planetas irão influenciar de determinada maneira as diversas áreas da vida da pessoa, conforme a posição por eles ocupada na carta natal. Assim, diz-se, por exemplo, "Marte em Capricórnio, na primeira casa", e isso quer dizer que essa disposição influencia fortemente a personalidade e a saúde desse indivíduo.

A presença de um ou mais planetas em uma casa enfatiza muito os assuntos referentes a ela. Por outro lado, se não há planetas ocupando uma casa, isso não quer dizer que ela não tenha importância.

O QUADRADO DO PROGRESSO OU A CRUZ DAS CASAS ANGULARES

O ascendente ou a casa I

Representa a personalidade, o caráter, o comportamento básico, os gostos fundamentais, a estrutura elementar do ego. Os interesses e atividades relativos aos projetos pessoais e como os conduz. Como anda, age, fala. O modo de enfrentar a vida. O corpo e, principalmente, a cabeça, a saúde, as características hereditárias, a aparência física, a vitalidade.

Essa casa tem analogia com o signo de Áries.

O descendente ou a casa VII

É a casa que se opõe ao ascendente, indicando tudo que lhe é antagônico, mas também complementar. Representa o cônjuge, os sócios, os inimigos declarados; todas as uniões legais e vínculos importantes; o casamento, os contratos, as associações, as parcerias, as questões legais, os processos. Também revela o que o indivíduo costuma projetar nos outros. No corpo, representa os rins, o sistema urogenital, os quadris e as nádegas.

Tem analogia com o signo de Libra.

O fundo do céu ou a casa IV

Representa o lar, a família, as tradições, o passado, o lugar de nascimento; a infância e a velhice; os bens de raiz, as posses familiares, os bens imóveis; o instinto de preservação, as marcas hereditárias; o inconsciente pessoal, a autoimagem. No corpo, representa o estômago, o peito, os seios, o útero.

Tem analogia com o signo de Câncer.

O meio do céu ou a casa X

É o ponto mais elevado do tema astral, representando a carreira, a profissão, a realização profissional e social, o sucesso e o poder. Indica os resultados dos esforços, a relação com o poder e os superiores; que papel desempenha na sociedade; como é visto pelos outros. No corpo, representa os ossos, os joelhos, as articulações, a pele, os dentes.

Tem analogia com o signo de Capricórnio.

O QUADRADO DOS ASSUNTOS MATERIAIS OU A CRUZ DAS CASAS SUCEDENTES OU FIXAS

A casa das posses ou a casa II

Representa a relação do sujeito com as posses, os ganhos e bens obtidos através do trabalho; as condições financeiras e sociais da família; as finanças, a economia, os investimentos e bens móveis; como o sujeito capta, assimila e administra todos os elementos do meio que lhe cerca. Que tipo de alimento procura. No seu corpo, representa o metabolismo, a garganta, as cordas vocais, o ouvido interno, a tireoide.

Tem analogia com o signo de Touro.

A casa da transmutação ou a casa VIII

Representa a morte, as heranças, testamentos, seguros de vida, os bens advindos de associações. As crises psicológicas que levam à mudança de consciência, o fim e o início de todos os processos, a morte daquilo com que o sujeito está identificado. As transformações profundas, os poderes psíquicos, os dons espirituais. No corpo, representa os órgãos genitais, a próstata, o nariz, o intestino grosso.

Tem analogia com o signo de Escorpião.

A casa da criatividade ou a casa V

É onde o indivíduo se expressa criativamente. Representa os filhos, a vida afetiva e sexual, os divertimentos, os jogos, os prazeres, os esportes; as realizações artísticas, os dons pedagógicos, as atividades educacionais. No corpo, representa o coração, a região dorsal da espinha, a medula espinhal.

Tem analogia com o signo de Leão.

A casa da amizade ou a casa XI

Mostra os interesses voltados para a sociedade, as atitudes e relações para com os amigos e para o grupo social que frequenta. O trabalho em equipe, as atividades em associações de classe, sindicatos, partidos políticos, cooperativas. Os ideais humanitários, as esperanças, os projetos. No corpo, representa as pernas e os tornozelos.

Tem analogia com o signo de Aquário.

O QUADRADO DO INTELECTO OU A CRUZ DAS CASAS CADENTES OU MUTÁVEIS

A CASA DO INTELECTO E DA COMUNICAÇÃO OU A CASA III

Simboliza o contato do sujeito com o meio em que vive, as relações com os irmãos, parentes, vizinhos. A formação intelectual, os estudos primários, o seu potencial para a comunicação, a palavra escrita ou falada, a vida escolar. As viagens curtas, o trânsito, os meios de comunicação. No corpo, representa os pulmões, os braços e as mãos, o sistema nervoso.

Tem analogia com o signo de Gêmeos.

A CASA DA EVOLUÇÃO INDIVIDUAL OU A CASA IX

Assinala horizontes mais amplos, representando a busca do que está distante, e a superação de fronteiras pessoais ou geográficas. Indica as preocupações filosóficas ou religiosas do sujeito, sua atitude diante de questões de fé ou de justiça. Os estudos autodidatas, as faculdades superiores do espírito. No corpo, representa os quadris, as coxas, o sistema muscular e o nervoso.

Tem analogia com o signo de Sagitário.

A CASA DA SAÚDE E DO TRABALHO OU A CASA VI

Representa os deveres e as obrigações do sujeito, as preocupações profissionais cotidianas, as relações com os subalternos, a capacidade de servir, as tarefas rotineiras. A higiene, as doenças agudas, a alimentação, as preocupações relativas à saúde. No corpo, representa os intestinos, as mãos, o sistema nervoso simpático.

Tem analogia com o signo de Virgem.

A casa do oculto ou a casa XII

É a casa onde o indivíduo se depara com o infinito, o eterno, o incomensurável, o inexplicável. Representa tudo o que está oculto no sujeito ou fora dele, as grandes provações, as limitações à sua liberdade, o isolamento. As experiências psíquicas, a evolução interior. Os inimigos ocultos, as doenças crônicas. No corpo, representa os pés, os fluidos orgânicos, o psiquismo.

Tem analogia com o signo de Peixes.

Os aspectos astrológicos
A dinâmica interna do horóscopo

Os planetas acham-se ligados entre si através dos aspectos – relações angulares entre os corpos celestes. Os vários aspectos astrológicos são originados da divisão dos 360º de um círculo pelos números 1, 2, 3, 4 e 6, resultando em ângulos de 360º (ou 0º), 180º, 120º, 90º e 60º. Observou-se que tais aspectos, ou ângulos, formados entre os planetas exibem características bem particulares, influindo no modo de ação de cada planeta envolvido. A trama dessas interligações constitui a dinâmica interna do horóscopo, revelando a complexidade desse jogo, onde as mais diversas forças são expressadas, enfatizadas, reprimidas, alteradas e elaboradas ao longo da vida, num processo contínuo de transformação, que busca o equilíbrio e o aperfeiçoamento do indivíduo.

Os aspectos mais importantes são:

CONJUNÇÃO (0º) – quando dois ou mais planetas ocupam o mesmo grau, ou estão próximos, no Zodíaco. Suas influências atuam simultaneamente, vibrando em uníssono. Por exemplo, Mercúrio e Marte em conjunção combinam rapidez mental com dinanismo, dando curiosidade e inquietação acentuadas.

OPOSIÇÃO (180º) – os planetas ocupam signos opostos, separados por 180º. Onde há uma oposição, acontece uma oscilação entre o que os planetas indicam (as características inerentes a cada um) e a sua posição nas casas. As energias são antagônicas, mas também complementares, tal como os dois lados de uma moeda. Uma oposição entre a Lua e Mercúrio pode revelar um conflito entre a emoção e o intelecto, levando a pessoa a reagir ora levada pela emoção, ora com excessiva frieza.

TRÍGONO (120º) – os planetas estão separados por um ângulo de 120º, ocupando signos do mesmo elemento. O fluxo de energia é harmonioso, mas pode haver falta de motivação. A tendência é de preservar a energia e a orientação. Um trígono entre Vênus e Saturno, por exemplo, inclina a uma atitude formal e conservadora no contato com os outros. Mas com o tempo, pode proporcionar maturidade nos relacionamentos.

QUADRADO (90º) – um ângulo reto separa os planetas, resultando no aspecto mais poderoso entre dois planetas, depois da conjunção. Um quadrado estimula reação e impele o sujeito a agir. Sua influência é, portanto, mais criativa e dinâmica que todos os outros aspectos, pois a tensão e a motivação que cria liberam energia. Nesse aspecto, é forçada uma reorientação das atitudes do indivíduo e uma utilização mais adequada das forças nele envolvidas. A exigência de cuidado e sacrifício é muito grande, mas ao mesmo tempo promove mais sucesso interior. Conflitos entre a emoção e o impulso podem ser vistos com um quadrado entre a Lua e Marte, sob a forma de situações de tensão entre a vida sentimental e a profissão.

SEXTIL (60º) – os planetas encontram-se separados por um ângulo de 60º. Nesse caso, as influências planetárias são colocadas sobretudo em um plano intelectual, por exemplo, mostrando como a pessoa pensa, quais as áreas de maior interesse para ela. Indica reservas de energia não muito abundantes, mas manejáveis com pouco esforço. Um sextil entre Mercúrio e Júpiter é comum nas pessoas que gostam de estudar e que acumulam (Júpiter) informação (Mercúrio).

Os planetas também podem formar aspectos com as cúspides das casas, sobretudo com o ascendente e o Meio do Céu. Um quadrado entre Marte e o ascendente pode revelar uma necessidade imperiosa de autoafirmação, tornando o sujeito agressivo, autoritário e muito competitivo. O mesmo aspecto formado entre Marte e o Meio do Céu pode ser de vital importância na ascensão profissional dessa pessoa.

Outros aspectos menores – 36º, 45º, 72º, 135º, 144º e 150º – possuem influências menos evidentes na análise de um horóscopo e, por isso, não serão discutidos aqui.

As eras astrológicas

O Grande Ano e os Grandes Meses. As eras masculinas e as femininas. As fases mais marcantes para a Humanidade. A Era de Aquário.

Em astrologia, cada signo zodiacal rege por um longo período de tempo a humanidade, marcando, desse modo, uma era, que leva seu nome e suas características: Era de Áries, Era de Peixes.

Isso vem da teoria do Grande Ano de Platão, ou Grande Ano Zodiacal, e é baseado no fenômeno astronômico de precessão dos equinócios, descoberto pelo astrônomo grego Hiparco de Niceia (190-120 a.C.). Para completar um Grande Ano, nosso planeta levaria 25.920 anos. Portanto, cada Grande Mês, ou a duração de uma era, compreenderia cerca de 2.160 anos.

O fenômeno de precessão dos equinócios é originado pela atração do Sol e da Lua, sendo ligado a modificações na inclinação do eixo terrestre. A intersecção entre a órbita aparente do Sol, ou eclíptica, e o equador celeste é chamada de "ponto vernal", que se desloca para trás, na ordem inversa dos signos. É como se tivéssemos dois Zodíacos: um dividido em doze regiões – os signos –, que começa sempre no ponto vernal; e outro, com as doze constelações, que tem início na primeira estrela da constelação de Áries. A era astrológica é marcada pelo local onde cai o ponto vernal, que atualmente está no início da constelação de Peixes. Por isso é que se diz que estamos saindo da Era de Peixes e iniciando a de Aquário.

Segundo a marcha do ponto vernal pelas diversas regiões do Zodíaco, observa-se que a cada era masculina (ou seja, regida por signos do fogo ou do ar) segue-se uma era feminina (com signos da água ou da terra). Essas últimas orientam-se para o passado, ponderando sobre as conquistas realizadas ou saldando suas dívidas com ele. Nessas eras predomina o feminino, o interesse pelo corpo, pelas forças naturais e psíquicas, pelas tradições e pela própria terra. Já nas eras masculinas, a vontade e os ideais comandam tudo, as tradições são quebradas, o antigo é derrubado para dar lugar ao futuro.

Desde a sua formação, o mundo já completou vários Grandes Anos. Entretanto, só é possível avaliar a influência dos signos zodiacais sobre cada era através dos vestígios deixados ao longo da História.

Assim é que a época mais remota que permite observações dessa ordem é a Era de Leão (10302-8142 a.C.).

Esse signo é regido pelo Sol, fonte de toda a vida, símbolo da criatividade, do brilho da realeza. Os reis divinos teriam surgido nessa época, bem como as festividades solenes e pomposas, comemorando determinados eventos. São criados os primeiros instrumentos da Idade da Pedra, e surgem também as primeiras manifestações artísticas – as pinturas e esculturas nas paredes das cavernas.

O reino de Atlântida teria existido nessa época, como berço de uma raça superior. Entretanto, esse continente teria submergido completamente com o Dilúvio, cujas águas marcaram a chegada da Era de Câncer.

A Era de Câncer (8142-5982 a.C.)

O homem primitivo sai das cavernas e abandona a vida nômade, para constituir as primeiras habitações fixas na China, na Índia, no Egito, na Mesopotâmia. Ao mesmo tempo, começa a desenvolver a agricultura, como meio de garantir seu sustento de uma forma mais regular.

A Lua rege essa fase, e sua influência se faz sentir na civilização egípcia, através do matriarcado. O signo de Câncer rege a fecundação e a geração. Nessa época eram muito difundidos os ritos de fertilidade, sendo citadas na Bíblia as famílias com prole numerosa. São típicas desse período as esculturas arredondadas, representando mulheres férteis, tal como a famosa escultura cilíndrica de Vênus, originária de Catal Huyuk, na Turquia.

A Era de Gêmeos (5982-3822 a.C.)

O signo de Gêmeos rege o intelecto e a comunicação, influenciando uma era que se destaca pelo considerável avanço da humanidade, pelo poder do conhecimento e da inteligência.

O marco mais importante dessa era é a descoberta da escrita, que permitiu o registro e o armazenamento de informações. De símbolos toscos rabiscados em objetos de argila, a escrita começa a evoluir e aperfeiçoar-se, chegando aos ideogramas chineses, aos caracteres cuneiformes da Mesopotâmia, aos hieróglifos egípcios.

O movimento também é regido por Gêmeos, e, nessa era, foi inventada a roda. No trabalho diário, começa a ser utilizada a força animal. Com a invenção do leme e das velas dos barcos impulsionados pela força dos ventos, tiveram início as primeiras viagens marítimas.

A agricultura teve notável progresso com a irrigação dos campos, a enxertia e a polinização artificial, melhorando a qualidade dos frutos. O processo biológico de fermentação começa a ser utilizado na fabricação de pães e bebidas alcoólicas. Fabricam-se tintas e pigmentos. Na arquitetura, esboça-se o princípio do arco e da abóbada. A construção evolui com o uso do adobe e dos tijolos. A sociedade começa a estruturar-se politicamente. Surgem as primeiras escolas, grupos de pessoas com a finalidade de aprender.

Nessa época, no Egito, surge o célebre Hermes Trimegisto – rei, legislador e sacerdote –, pai das ciências físicas, criador dos números, da escrita, da geometria, entre inúmeras outras coisas.

A Era de Touro (3822-1662 a.C.)

O marco principal da Era de Touro foi a construção da pirâmide de Quéops, que, segundo os antigos, contém, de forma simbólica, todas as medidas fundamentais do cosmos. O poder natural e suas leis são glorificados através de imensos templos e pirâmides no antigo Egito.

Nessa época, domina a matéria. A múmia – conservação do corpo após a morte –, para os egípcios, e o Bezerro de Ouro, para os hebreus, são ambos símbolos dessa era. Oposto a Touro, o signo de Escorpião ressalta nesses povos a preocupação com a morte, expressada pela pompa dos ritos fúnebres e a suntuosidade dos túmulos.

O signo de Touro rege a harmonia das formas, a natureza e seus ritmos, forças e leis. Nessa era, a cultura pastoril e a agricultura são difundidas por toda parte. Vênus, como regente desse signo, favorece o desenvolvimento das artes, da pintura, da música, da cerâmica, da cosmética, da ourivesaria. O cobre, metal desse signo, começa a ser utilizado para adornos e utensílios de todo tipo.

É dessa época o culto ao boi Ápis e à deusa Hathor, representada por uma vaca. Na Índia, a adoração da vaca sagrada, que se mantém até hoje. Entre os assírios e os caldeus, encontram-se inúmeras esculturas representando touros com poderes divinos.

Na Mesopotâmia, essa época teve importância fundamental para o desenvolvimento da astrologia, que não teria sido possível sem o dom paciente da observação dos fenômenos celestes e terrestres.

A Era de Áries (1662 a.C.-498 d.C.)

O ferro, metal regido por Áries, começa a ser largamente utilizado nessa época, com o desenvolvimento da metalurgia e o seu uso nas guerras. O signo de Áries rege o início, a liderança, a coragem e o entusiasmo. O período regido por Áries caracteriza-se pelas conquistas, pelo desbravamento de novas terras, pelo pioneirismo e pela iniciativa de seus líderes, pelo aperfeiçoamento das armas e instrumentos bélicos e da própria estratégia militar.

A vontade do homem rebela-se contra os poderes da natureza e quer impor-se a todo custo. Nasce o mito do herói – aquele que não se curva ante o poder dos deuses, mantendo-se confiante na sua força de vontade. Uma frase de Sófocles ilustra isso: "Muitos poderes existem, mas nada é mais poderoso que o homem". O culto ao masculino, à virilidade e à força dá origem aos hábitos espartanos, aos atletas, aos gladiadores, aos ginastas e às olimpíadas. Libra, como signo oposto a Áries, exerce influência nas artes e na arquitetura, como pode ser visto na obra do escultor Fídias e na elegância equilibrada e frágil do Partenon de Atenas. Na mitologia grega, essa era é representada pela lenda dos Argonautas, que, com Jasão, conquistaram o Tosão de Ouro – o pelo dourado de um carneiro divino.

Outros fatos importantes da Era de Áries são a fundação do Reino de Israel; a fundação de Roma por Rômulo e Remo; e, como esse signo rege a cabeça, favoreceu o surgimento de diversos filósofos, cujos pensamentos norteiam, até hoje, diversas correntes filosóficas e religiosas. São alguns deles: Buda e Rama, na Índia; Zoroastro, na Pérsia; Lao-Tsé e Confúcio, na China; Sócrates, Platão e Aristóteles, na Grécia. O Império Romano teve sua fase áurea sob o signo de Áries, quando chegou a conquistar grande parte dos povos da Antiguidade. O nascimento de Cristo – o cordeiro de Deus –, líder de milhares, é um acontecimento que marca a transição de uma era para outra.

A Era de Peixes (498-2658 d.C.)

O movimento mais significativo da Era de Peixes é, sem dúvida, o cristianismo, que teve por símbolos fundamentais a água e o peixe.

O signo oposto a Peixes é Virgem, representado por uma mulher que traz à mão uma espiga de trigo. O gesto de Cristo, ao alimentar a multidão, multiplicando os pães e os peixes, mostra o simbolismo do eixo Peixes–Virgem, que significa a necessidade de servir, de oferecer amparo e conforto ao corpo e à alma. O ato de lavar os pés (regidos por Peixes), bem como o batismo, é outro símbolo dessa época.

Pescadores eram grande parte dos discípulos de Cristo, que se referiu aos seus apóstolos como "pescadores de homens". Peixes eram rabiscados nas paredes das catacumbas romanas, como sinal secreto dos antigos cristãos, que lá se refugiavam das perseguições. Sob o signo de Peixes, a nova religião é marcada pelo sacrifício, martírio e penitência. Desse modo, a nova fé infiltra-se sutil, mas penetrante e inquebrantável, minando as estruturas do Império Romano, cuja queda aconteceu no início da Era de Peixes.

Heros (herói), símbolo da Era de Áries, vai cedendo lugar a Eros (amor). A mulher que representava o poder da natureza na Era de Touro é agora a figura ideal do feminino – a mãe de Deus, a Virgem Maria. Os valores psíquicos, interiores, o ato de voltar-se para dentro, a expiação dos pecados e a busca de liberdade interior constituem as diretrizes dessa era, que é movida pela ideia do amor que se estende à totalidade dos seres humanos, pelo ideal de fraternidade universal.

Com o Renascimento e, mais tarde, vários outros movimentos, tais como o Impressionismo e o Surrealismo, a arte, a música, a dança, a literatura e a poesia, evoluem e são muito difundidos, dando à humanidade a noção de harmonia, de ritmo, de fantasia e de sonho (atributos de Netuno, regente do signo de Peixes).

No terreno social, duas correntes principais adquirem corpo, representando os dois polos do eixo Peixes–Virgem: uma visando à dissolução da pessoa na sociedade, que passa a ser regida por ideais e necessidades comuns a todos – o comunismo, o socialismo (Peixes); outra que, através da realização individual, pretende chegar ao aperfeiçoamento do todo – o capitalismo, a democracia (Virgem). As leis trabalhistas, assim como a assistência social, nasceram e desenvolveram-se nessa época.

A moral puritana marcou com seus rigores toda essa era, reprimindo com fúria as manifestações físicas e instintivas, consideradas pecado ou bruxarias. O sexo com o objetivo único de reprodução, o repúdio ao prazer, o voto de castidade, a virgindade como condição fundamental para o matrimônio, a proibição do uso de carne durante a Quaresma são, entre muitos, reflexos do jugo exercido pela Igreja Católica, que via na concepção imaculada de Maria o modelo inatingível de pureza.

Todos os santos e beatos são dessa época, que também serve de cenário para as mais diversas manifestações de fé, tais como as aparições da Virgem, os milagres e as curas, as guerras santas, o cisma da Igreja Católica, o advento do Protestantismo. De várias formas, questões religiosas tiveram grande importância ao longo dessa era, que presenciou o alvorecer e o florescimento da fé cristã e os sombrios séculos de terror da Santa Inquisição.

Peixes, como signo de água, governou essa época onde tiveram grande impulso as navegações marítimas, as longas viagens para mundos desconhecidos, a pirataria, a colonização de terras além-mar, a escravidão negra e de outros povos que, então, iniciaram um longo período de provação e sofrimento sob o jugo europeu. Netuno, que rege as substâncias líquidas e gasosas, os venenos e os tóxicos, marca, na Europa, a utilização do café, do chocolate, do fumo, do ópio, dos incensos, perfumes e especiarias, além de tantas outras drogas vindas de colônias distantes.

Sob o signo de Peixes, nasce a fotografia e, mais tarde, o cinema (Netuno rege a fantasia e a ilusão).

Nos dias de hoje, ainda vivemos na Era de Peixes, embora, há pelo menos dois séculos, ocorram eventos que anunciam a chegada de Aquário.

A Era de Aquário (2658-4818 d.C.)

Signo aéreo e masculino, Aquário rege a eletricidade, a ciência moderna e a tecnologia, a aeronáutica, as ciências espaciais e nucleares, os inventos e as descobertas, o progresso, o futurismo, sendo também o signo da astrologia. Congrega, enfim, todas as ideias, teorias e movimentos cuja repercussão atinja as massas e a sociedade como um todo.

Ao lado de uma necessidade intensa de liberdade pessoal, que muitas vezes pode levar a uma postura demasiadamente individualista, excêntrica e rebelde, é o espírito humanitário uma das características maiores desse signo. O predomínio de uma ou outra tendência tanto poderá provocar a destruição de tudo (com Urano levando à quebra de tradições, conceitos e estruturas antigos), como poderá aumentar, de forma nunca vista antes, o potencial para o progresso da humanidade.

A descoberta de Urano por William Herschel, em 1781, e a deflagração da Revolução Francesa, em 1789, são aceitos como sendo os primeiros prenúncios da Era de Aquário. Nessa época, nascem todas as transformações sociopolíticas em vigor até hoje, e são proclamados os direitos humanos. Em 1848, com as obras de Marx e Engels, tem início uma profunda mudança no pensamento político social e econômico da época. Reflexo disso seria visto na Revolução Russa, em 1917, franqueando o poder ao proletariado. As inúmeras descobertas e invenções no campo da ciência ainda correspondem ao final do ciclo de Peixes, sendo fruto da influência conjunta dos dois signos. Entretanto, o caráter inovador da nova era já se faz presente no cotidiano de milhares de pessoas, através de invenções como o automóvel, o avião, o helicóptero, o rádio e a televisão, o telefone, o trem-bala, o radar, a iluminação elétrica, os computadores, a eletrônica, os satélites, as vitaminas, entre muitas outras.

A teoria da relatividade de Einstein, o método Braille de leitura para cegos, o método pedagógico de Paulo Freire para alfabetização no Brasil, o renascer da astrologia e de outras ciências antigas no mundo ocidental são outras manifestações que trazem a marca inconfundível de Aquário.

A descoberta do raio X, por Roentgen, em 1895, e do rádio, por Pierre e Marie Curie, em 1898, abrem um novo campo de investigação científica – a radioatividade, as pesquisas nucleares. A descoberta de Plutão em 1930 e a bomba atômica explodindo em 1945 são eventos que refletem a influência conjunta desses dois planetas – Urano e Plutão –, que trazem a transformação profunda de tudo, a decadência e eliminação do antigo, permitindo o brotar de uma nova consciência.

Acreditamos que a entrada de Plutão no signo de Escorpião (em novembro de 1983) tenha sido realmente um fator decisivo no desencadear desse processo de profunda transmutação, que implica uma descida simbólica ao Hades, onde será possível um confronto real com os temores maiores – a guerra, a fome, a peste, a morte – tanto em nível individual, como coletivo.

O trânsito de Plutão pelo signo de Sagitário (novembro de 1996 até novembro de 2008) transformou profundamente as relações políticas e econômicas entre as nações, com revisão de conceitos, derrubada de tabus e advento de novos paradigmas.

A comunidade europeia, a OTAN e o Mercosul são alguns dos exemplos do que este aspecto planetário pode desencadear, ao derrubar fronteiras entre os países, unificar moedas, elaborar acordos em busca de um objetivo comum.

A passagem de Plutão por Sagitário também está motivando uma busca maior pela espiritualidade, como pode ser visto com o surgimento de novos gurus, igrejas, seitas e movimentos religiosos, bem como a divulgação mais ampla de conhecimentos, dogmas e conceitos antes restritos apenas a iniciados em algumas religiões e filosofias antigas. Com a entrada de Urano no signo de Peixes (junho de 2003 até março de 2011) e o trânsito de Netuno pelo signo de Aquário (novembro de 1998 até fevereiro de 2012), os ideais de

Paz, Compaixão e Amor Universal (Peixes), aliados aos de Igualdade, Fraternidade e Liberdade (Aquário), se integrarão cada vez mais em movimentos pacifistas, organizações não governamentais, além de outras manifestações da sociedade em favor dos seus sonhos e anseios de uma vida com mais amor, justiça e dignidade. A diferença desta vez será a forma de realização destes movimentos, que hoje agem quase como instituições paralelas, complementares ou contrapondo-se à atuação dos governos. Fortalecidos por um poder, liberdade e autonomia maiores, tais organizações estão distantes dos movimentos visionários e utópicos de décadas passadas.

A oposição de Saturno (instituições solidamente estabelecidas) com Plutão (poder subterrâneo que emerge das profundezas da sociedade atual) marcou um dos períodos mais dramáticos desse confronto entre a antiga e a nova ordem.

Esse aspecto astrológico (que ocorreu em 5 de agosto e 2 de novembro de 2001 e 26 de maio de 2002) provocou um abalo sem precedentes nos EUA, por ocasião do atentado de 11 de setembro de 2001, quando a vulnerabilidade desse gigante foi exposta tragicamente. Desde então, e por algum tempo ainda, sequelas dessa oposição Saturno/Plutão poderão ser motivo de estudo de suas influências sobre a estrutura do poder nos seus mais variados níveis. Um exemplo disso são os desafios que o poder paralelo do crime organizado e das guerrilhas vêm lançando aos governos de vários países.

O aspecto Saturno/Plutão tem coincidido com a inquietação no Oriente Médio, envolvendo petróleo, recessão econômica, queda da NASDAQ, aumento do preço do gás natural e eletricidade, além de guerras.

Tal aspecto, somado às influências dos trânsitos de Urano em Peixes e Netuno em Aquário, além do trânsito de Plutão em Sagitário, conduzirá a uma devastação ainda maior das nossas reservas naturais, agravada pelas últimas guerras, uso de armas químicas, lixo atômico, detritos em geral e poluição das águas.

Ao mesmo tempo, tais aspectos estão repercutindo na mentalidade da nova geração, que, cada vez mais, busca soluções para a preservação do meio ambiente, como parte integrante de uma nova postura política.

Sem dúvida, tratam-se de manifestações externas dessa necessidade imperiosa de mudança, que, na verdade, atende a um apelo muito mais profundo, cujas raízes atingem o âmago da alma humana. E apenas quando for completada essa mudança interior é que serão franqueados à humanidade "os novos céus e a nova terra" de que fala o Apocalipse.

Aplicações da astrologia

A astrologia toma parte no cenário cotidiano, com a sua utilização nos mais variados campos do conhecimento humano.

Nos tempos antigos, a astrologia tinha ampla utilização, prevendo as melhores épocas para o plantio e a semeadura, para o acasalamento dos animais, a compra e a venda de mercadorias, influenciando as decisões dos soberanos e os destinos das nações. Com a chegada da Era de Aquário, os antigos conceitos místicos e religiosos começarão a ser revistos à luz dos conhecimentos atuais, e isso poderá servir para integrar as diversas ciências entre si e o homem com suas diversas atividades, delas conhecendo o fruto e a raiz.

A astrologia mundial ou política é um exemplo dessa forma de pensamento, sendo um dos ramos mais complexos da astrologia. Implica o domínio de áreas tais como a economia, a sociologia, a história e a geografia, a política, além do conhecimento de todas as atualidades que movimentam o cenário presente. Ao astrólogo compete sobrepor a esse pano de fundo toda a trama sutil das constelações e o movimento dos astros no céu, traduzindo, segundo um código antiquíssimo, os desígnios celestes para linguagem corrente.

O interesse que os horóscopos despertam em milhões de pessoas mostra o seu fascínio por esse lado mágico que só os deuses podem oferecer e que, ao mesmo tempo, faculta a proximidade de uma identificação com símbolos e valores ideais – os signos do Zodíaco.

Mas é, certamente, na área do aconselhamento pessoal que a astrologia pode oferecer seus mais valiosos préstimos, procurando, através da análise do mapa natal, localizar os conflitos maiores, os períodos críticos, as áreas de maior sensibilidade, ao lado das potencialidades mais importantes do indivíduo. Talvez a sua maior virtude seja auxiliar a desenvolver a paciência e o senso de oportunidade, que permitem aguardar com atenção e agir no momento certo, pois cada fase tem o seu propósito e a sua duração.

Além de ajudar a compreender melhor a dinâmica interna de cada pessoa, a astrologia pode ainda ser útil no estudo das relações interpessoais. Através da comparação de dois temas astrológicos, a sinastria proporciona uma visão do que pode resultar da interação de dois campos de energia. Quais são as áreas onde há maiores chances de entendimento e gratificação e, também, aquelas de maior possibilidade de conflitos; que elementos contribuem para a estabilidade ou a turbulência da relação; como será a provável reação de cada uma das pessoas a um mesmo estímulo. Através do desenvolvimento de técnicas modernas, tais como as cartas compostas (obtenção de um terceiro tema a partir dos pontos médios de duas outras cartas), vários astrólogos estudaram a dinâmica complexa e delicada da própria relação, tal como se fosse uma reação química resultando num terceiro produto.

No fascinante campo da orientação vocacional, a análise de um tema astrológico de uma criança ou de um adolescente pode oferecer muitos dados sobre as áreas onde seu potencial poderá ter mais chances de desabrochar; quais as fases mais difíceis no seu desenvolvimento, que fatores poderão ter maior influência na escolha profissional. Pois, sem dúvida, condições ambientais – e aí estão incluídos a família, o momento histórico e o status social – estarão influindo nessa decisão, muito embora haja um padrão astrológico predispondo mais para uma profissão que para outra. O interessante trabalho do estatístico francês Michel Gauquelin, ao correlacionar dados astrológicos de dezenas de milhares de profissionais de todas as categorias – soldados, atletas, médicos, engenheiros, políticos –, revela, por exemplo, a marcante influência dos planetas Marte e Saturno nos temas natais de militares. O que só viria confirmar a antiga ligação de Marte com a guerra.

Outra área que vem despertando o maior interesse é a astrologia Médica, coincidindo com a preocupação sobre a real natureza da doença, que mistérios influem na sua insidiosa instalação, ou na deflagração abrupta de seus sintomas; o que acontece nos bastidores da sua evolução, inclinando a flutuações, progressos e retrocessos, fases de acalmia e recrudescimento de uma doença; o que, finalmente, impulsiona o processo de cura ou de que depende o restabelecimento do paciente. E, enquanto a ciência esmiúça detalhes, isola bactérias, realiza exames com grande precisão técnica, a astrologia, novamente, insiste em manter uma visão ampla de toda a trama de elementos que se interligam, acreditando ser impossível isolar um evento de todo o contexto que lhe dá origem e suporte.

Pela análise de um tema astrológico, é possível saber do estado de saúde do nativo, as partes do corpo mais suscetíveis à doença, a sua resistência física. Mediante cálculos especiais – direções secundárias, trânsitos, revoluções solares –, é possível situar no tempo as fases em que o nativo se encontra mais predisposto a adoecer, sofrer uma operação, ser hospitalizado, ou, também, as épocas mais favoráveis para fazer um tratamento com sucesso.

Os serviços astrológicos começam a ser solicitados também pelas modernas empresas, na tentativa de encontrar o momento mais adequado para estabelecer contatos, efetivar negócios, realizar compras e vendas, fazer reformas, retrair ou expandir as atividades, conforme as disposições astrológicas. Isso porque, além do que revelam as pesquisas mercadológicas, as análises econômicas e a realidade mais palpável, existem, sem dúvida, outros fatores que influenciam o sucesso ou o fracasso de um empreendimento.

Não seria possível enumerar aqui todos os cientistas e astrólogos que se dedicam a pesquisas envolvendo áreas da ciência moderna com a astrologia. Mas não se poderia deixar de mencionar o trabalho de Reinhold Ebertin no campo da Cosmobiologia. Inúmeras são suas pesquisas, cujo objetivo é estudar, sob vários ângulos, as correlações entre o cosmos e a vida orgânica, usando para isso os métodos mais modernos de investigação científica.

Entre os cientistas que trabalharam com Ebertin, destacam-se Landscheit, que, entre outras coisas, relacionou a tabela periódica dos elementos aos planetas, Muller-Freywardt, estudando as relações entre a Cosmobiologia, o diagnóstico e o tratamento médico, e Jaeger, com suas pesquisas sobre plantações.

Um método de controle da natalidade baseado em astrologia foi criado pelo médico Eugen Jonas, na antiga Tchecoslováquia, que comprovou sua eficácia em cerca de 30 mil pacientes, obtendo resultados positivos em 97,7 por cento dos casos. A seu ver, seria também possível predizer o sexo do bebê, baseado na posição da Lua – se transitando por signos masculinos ou femininos – no momento da concepção.

Outros pesquisadores, entre os quais Abraham e Menaker, também realizaram estudos sobre os movimentos lunares e sua influência sobre a reprodução humana.

Fenômenos como o aparecimento de manchas e explosões solares e sua correlação com doenças cardiovasculares ou pulmonares, enfartes, hemorragias e certas epidemias foram objeto de estudo por parte de vários cientistas, tais como Poumaillax, Viart, Romneski, Tchijewski e Becker, cujas observações são citadas por Gauquelin na sua obra *Science and Astrology* (Ciência e astrologia).

No campo da meteorologia, interessantes observações estão sendo feitas em relação aos ciclos planetários e seu efeito sobre o clima terrestre. Com o desenvolvimento desses estudos, previsões do tempo (incluindo períodos de seca, enchentes, ondas de frio ou de calor, ventos, furacões, maremotos e terremotos) através da astrologia poderão tornar-se comuns, fazendo parte do nosso cotidiano.

À medida que caírem as barreiras levantadas pelos preconceitos de um pensamento pseudocientífico, a astrologia poderá desempenhar papel importante em outras áreas, pois a sua linguagem peculiar tanto pode atingir a exatidão que quer a ciência, como a trama sutil e mutante da alma humana.

Glossário de termos astrológicos

Ângulo – casas I, IV, VII e X do horóscopo.

Ascendente ou Signo ascendente – o signo que ocupa o horizonte oriental no momento em que a pessoa nasce.

Aspecto – distância angular estabelecida entre os planetas, cúspides de casas, onde as vibrações entram em combinação harmoniosa ou desarmônica. Os principais são conjunção (quando a distância entre os planetas é de 0º a 10º), oposição (180º), trígono (120º), quadrado (90º) e sextil (60º).

Cabeça de Dragão ou Nó do Norte – nó ascendente da Lua. (Ver *Nós ou nodos lunares)*

Cardinal – signos colocados nos ângulos do Zodíaco padrão – Áries, Câncer, Libra, Capricórnio.

Casa – divisão do horóscopo em número de doze. São contadas no sentido anti-horário a partir do ascendente. Cada casa tem relação com um setor da vida da pessoa.

Cauda de Dragão ou Nó do Sul – nó descendente da Lua. (Ver *Nós ou nodos lunares)*

Conjunção – é quando dois ou mais planetas têm a mesma longitude. Quanto mais próximos, mais forte é a influência. (Ver *Aspecto)*

Cúspide – o início de uma casa astrológica.

Decanato – cada uma das três partes de dez graus em que se divide um signo. O primeiro decanato vai de 0º a 9º59'; o segundo, de 10º a 19º59'; o terceiro, de 20º a 29º59'.

Declinação – a medida da esfera celeste que corresponde à latitude terrestre. A declinação do equador celeste é 0º e a dos polos celestes, 90º.

Descendente – é o ponto onde a eclíptica intercepta o

horizonte ocidental. Ponto oposto ao ascendente, correspondente à cúspide da casa VII.

Detrimento ou exílio – é quando o planeta ocupa o signo oposto ao que rege. Essa posição debilita a sua influência.

Dignidade – quando um planeta está em uma casa angular, ou no signo que rege, ou no signo de sua exaltação.

Dispositor – diz-se do planeta que rege o signo ocupado por outro planeta. Por exemplo, se temos Júpiter em Libra, signo regido por Vênus, este é o dispositor ou governante de Júpiter.

Domicílio ou regência – signo onde o planeta é o regente, e onde é mais poderosa a sua influência.

Eclíptica – o caminho aparente do Sol no céu, visto da Terra. Círculo que indica o plano do sistema solar.

Efemérides – tabela astronômica utilizada no levantamento de um horóscopo, que contém o tempo sideral c as posições de todos os planetas, do Sol e da Lua, ao meio-dia ou à meia-noite de cada dia.

Elementos – a terra, o ar, o fogo e a água.

Equador – o círculo perpendicular ao eixo polar da Terra, equidistante dos polos norte e sul.

Equinócios – os dois pontos nos quais o Sol intercepta o Equador e nos quais o dia é igual à noite.

Exaltação – é o signo onde o planeta tem sua influência bastante aumentada.

Exílio – signo oposto ao de regência. (Ver *Detrimento)*

Femininos, signos – os signos da água e da terra.

Fixos, signos – diz-se dos signos de Touro, Leão, Escorpião e Aquário.

Fixas, estrelas – diz-se das estrelas que não têm movimento aparente.

Geocêntrico – centrado na Terra. Os dados astrológicos e astronômicos são computados do centro da Terra.

Grande Cruz – cruz formada entre quatro planetas situados a 90º um do outro. Indicativa de grande tensão.

Grande Trígono – três planetas situados a 120º um do outro. Significa harmonia e estabilidade.

Grau – trigésima parte de um signo (30º).

Horária, astrologia – ramo da astrologia que se baseava na hora em que uma questão era formulada para levantar um horóscopo. Muito popular na Idade Média.

Horizonte – círculo formado pelo plano perpendicular à direção da gravidade, passando pelo centro da esfera celeste.

Horóscopo, mapa astral ou carta natal – mapa do céu, colocando a Terra como centro e mostrando as posições do Sol, da Lua e dos planetas. É elaborado para o lugar e momento exatos em que a pessoa respira pela primeira vez. Ou para a ocasião e o lugar em que um determinado evento tem início. (Ver *Cabeça* e *Cauda de Dragão.)*

Immum Coeli – Fundo do Céu, ponto de intersecção entre a eclíptica e o arco norte do meridiano (correspondente à posição do Sol à meia-noite). A cúspide da casa IV.

Latitude – a distância em graus ao norte ou sul do plano da eclíptica na esfera celeste. A latitude terrestre é a distância em direção ao norte ou sul do Equador.

Longitude – a distância de um planeta ou estrela, na esfera celeste, do ponto 0 (zero) de Áries, caminhando na eclíptica em sentido anti-horário. A longitude terrestre é medida em graus a leste ou oeste do meridiano de Greenwich.

Luminárias – o Sol e a Lua.

Lunação – é o período compreendido entre duas Luas Novas, sendo de aproximadamente 29 dias e meio.

Masculinos, signos – os signos do fogo e do ar.

Medium Coeli – Meio do Céu. Ponto de intersecção entre a eclíptica e o arco sul do meridiano (correspondente à posição do Sol ao meio-dia).

Meridiano – círculo que passa através do zênite, do nadir e dos polos celestes norte e sul. A cúspide da casa X.

Mundana, astrologia – ramo da astrologia que se

dedica a prever fenômenos naturais ou catástrofes de grande repercussão para a humanidade.

Mutáveis, signos – os signos de Gêmeos, Virgem, Sagitário e Peixes.

Nadir – o ponto mais baixo da esfera celeste. Ponto oposto ao zênite.

Nós ou nodos lunares – pontos onde a Lua cruza com a órbita do Sol na eclíptica. (Ver *Cabeça* e *Cauda de Dragão)*

Oposição – aspecto indicativo de tensão, quando dois planetas ocupam posições antagônicas. (Ver *Aspecto)*

Órbita – campo de influência de um planeta ou de um aspecto.

Paralelo – é quando dois planetas possuem a mesma declinação, ao norte ou ao sul do Equador.

Pars Fortunae – Roda da Fortuna. Ponto que seria ocupado pela Lua, se o Sol estivesse exatamente no ascendente. Indicativa de boa sorte.

Platônico, Mês – período necessário para o ponto vernal atravessar um signo zodiacal, determinando uma era com as características do signo em questão. Dura cerca de 2.140 anos.

Platônico, Ano – ou Grande Ano de Platão. É o período em que o ponto vernal percorre todos os signos do Zodíaco. Dura cerca de 25.500 anos.

Polar, eixo – eixo entre os polos norte e sul da Terra.

Polar, estrela – é a estrela para a qual aponta o eixo polar norte.

Ponto vernal – o ponto 0 (zero) de Áries. A intersecção do Equador celeste e a eclíptica.

Precessão dos Equinócios – movimento retrógrado do eixo polar pelos signos do Zodíaco. Esse fenômeno é o causador do Grande Ano de Platão.

Quadrado – quadratura, é o aspecto formado por dois planetas a 90° um do outro, indicando tensão ou conflito. (Ver *Aspecto)*

Queda – signo onde o planeta tem menos influência.

Quincunx – ou inconjunção, é quando há uma distância de 150º entre dois ou mais planetas.

Retrógrado – planeta que, visto da Terra, parece mover-se para trás.

Regente – planeta que governa o signo. Diz-se também do planeta que rege o signo ascendente ou que ocupa lugar próximo ao Meio do Céu.

Satellitium (stellium) – grupo de planetas em conjunção.

Sextil – aspecto indicativo de harmonia entre dois planetas a 60º um do outro. (Ver *Aspecto)*

Sideral, Tempo – A ascensão reta verdadeira no meridiano ao meio-dia.

Sideral, Zodíaco – Zodíaco baseado na constelação em que cai o ponto vernal (atualmente, é no signo de Aquário).

Tábua de Casas – tábuas que contêm as posições das cúspides das casas astrológicas.

Trânsito – movimento dos planetas ao longo do tempo indicado na Efeméride. Os aspectos que um planeta em trânsito formam com os do mapa natal podem assumir grande importância, sobretudo os mais lentos.

Trígono – aspecto indicativo de harmonia quando dois ou mais planetas se encontram a 120º um do outro. (Ver *Aspecto)*

Tropical, Zodíaco – O Zodíaco que começa a 0º (zero grau) de Áries.

Zênite – ponto da esfera celeste diretamente acima do observador.

Zodíaco – faixa da esfera celeste que compreende as doze constelações. É utilizado para localizar os movimentos planetários, sendo a base do calendário.

Referências bibliográficas

1. Arroyo, Stephen. *Astrology, Psychology and the Four Elements*. USA: CRCS Publications, 1979.

2. Arroyo, Stephen. *Astrology, Karma and Transformation*. USA: CRCS Publications, 1978.

3. Artur, Darcilino. *Curso introdutório de astrologia*. Planeta astrologia, nº 124B. São Paulo: Planeta, 1982.

4. Barbault, André. *El conocimiento de la astrología*. Buenos Aires: Editorial Dédalo, 1979.

5. Carvalho, Olavo de. *A imagem do homem na astrologia*. São Paulo: Escola Júpiter, 1980.

6. Carvalho, Olavo de. *Questões de simbolismo astrológico*. São Paulo: Speculum, ano 1, nº 1, agosto, 1983.

7. Carvalho, Olavo de. *Introdução à astrologia geral* (apostila do Curso Básico), São Paulo: Escola Júpiter.

8. Carter, C. E. O. *The Principles of Astrology*. London: Theosophical Publishing House, 1969.

9. Ebertin, Reinhold. *Applied Cosmobiology*. Aalen: Ebertin-Verlag, 1972.

10. Facciollo, Antonio et al. *Curso de astrologia científica*. São Paulo: Instituto Paulista de astrologia, 1976.

11. Frazer, Sir James George. *The Golden Bough*. Nova York: Macmillan Editions, 1963.

12. Gauquelin, Michel. *Science and Astrology*. London: Peter Davies, 1969.

13. Geddes, Sheila. *The Art of Astrology*. Wellingborough, Northamptonshire: The Aquarian Press, 1980.

14. Goodman, Linda. *Linda Goodman Sun's Signs*. Pan, 1972.

15. GREENE, Liz. *Saturn*. Samuel Weiser, York Beach, Maine: 1976.

16. HALL, Manly Palmer. *Secret Teachings of all Ages*. Los Angeles: The Philosophical Research Society Inc., 1977.

17. JUNG, Carl Gustav. *Psychology and Alchemy*. London: Routledge and Kegan Paul, 1966.

18. MANN, A.T. *The Round Art*. Great Britain: Dragon's World Ltd., 1979.

19. MASCHEVILLE, Emma Costet. *Elementos básicos de astrologia*. São Paulo: Escola Júpiter, 1980.

20. MÜLLER, Juan Alfredo C.; PILLEGGI, Léa M. *O que é astrologia*. São Paulo: Editora Brasiliense, 1983.

21. OKEN, Alan. *Alan Oken's Complete Astrology – As Above, So Below; The Road and its Travelers; Astrology: Evolution and Revolution*. USA: Bantam Books, 1980.

22. PARKER, Julia e Derek. *O grande livro de astrologia*. São Paulo: Círculo do Livro S.A., 1979.

23. RUDHYAR, Dane. *The Astrological Houses*. Doubleday Company Inc., 1972.

24. RUDHYAR, Dane. *Astrology and the Modern Psyche*. Davis, Califórnia: CRCS Publications, 1976.

25. SILVEIRA, Nise da. *Imagens do inconsciente*. Rio de Janeiro: Alhambra, 1981.

26. SURANY, G.B. *Manuel d'Astrologie Médicale*. Paris: Guy Trédaniel – Éditions de la Maisnie, 1982.

27. WEISS, Adolfo. *Astrología racional*. Buenos Aires: Editorial Kier, 1974.

APÊNDICE 1

Como achar o seu ascendente

Com os discos astrológicos você consegue, rapidamente e com uma pequena margem de erro, encontrar o seu ascendente.

No disco menor (ver figura na página seguinte, que está reproduzida também no final do livro, p. 171, para recortar e montar), você tem as horas do dia (de 0 a 24 horas), com divisões a cada quinze minutos.

No disco maior, estão os doze meses, subdivididos a cada cinco dias. E no círculo mais externo, os signos do Zodíaco correspondentes a cada período do ano.

Para achar o seu ascendente, faça coincidir o horário do seu nascimento com o dia e o mês, girando o disco menor sobre o maior. Observe agora para onde aponta a seta ASC: no círculo externo do disco maior estará o seu signo ascendente.

Por exemplo, se você nasceu em Porto Alegre, no dia 26 de janeiro de 1951, às 22 horas, gire o disco interno para fazer o número 22 coincidir com o dia 26 de janeiro do disco externo. A seta ASC estará apontando para o signo de Virgem, sendo este o seu ascendente.

Veja se no período em que você nasceu foi adotado o horário de verão (vide tabela no Apêndice 2). Se for o seu caso, subtraia uma hora do momento do seu nascimento.

Esse método não é exato, pois omite consultas às tabelas e cálculos mais precisos. Em caso de dúvida sobre o seu ascendente, consulte o apêndice relativo ao Sol e ao ascendente, e veja se você não se encaixa no ascendente anterior ou posterior ao encontrado.

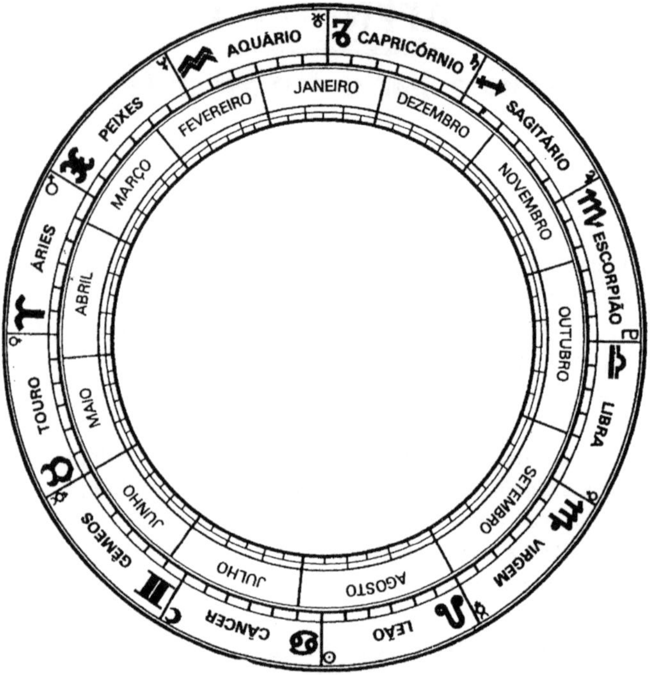
AQUÁRIO
CAPRICÓRNIO
SAGITÁRIO
ESCORPIÃO
LIBRA
VIRGEM
LEÃO
CÂNCER
GÊMEOS
TOURO
ÁRIES
PEIXES
JANEIRO
DEZEMBRO
NOVEMBRO
OUTUBRO
SETEMBRO
AGOSTO
JULHO
JUNHO
MAIO
ABRIL
MARÇO
FEVEREIRO

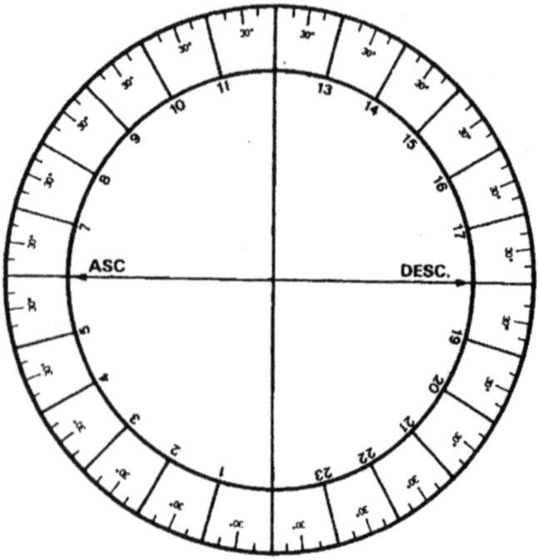
ASC
DESC.
1
2
3
4
5
7
8
9
10
11
13
14
15
16
17
19
20
21
22
23
30°

APÊNDICE 2

Tabela de horário de verão no Brasil

(Subtraia uma hora dos horários de nascimento nestes períodos)

Períodos e estados brasileiros que adotaram o H.V.

De 03/10/1931 às 11h00m até 31/03/1932 às 23h59m (todos os estados)

De 03/10/1932 às 00h00m até 31/03/1933 às 23h59m (todos os estados)

De 01/12/1949 às 00h00m até 15/04/1950 às 23h59m (todos os estados)

De 01/12/1950 às 00h00m até 31/03/1951 às 23h59m (todos os estados)

De 01/12/1951 às 00h00m até 31/03/1952 às 23h59m (todos os estados)

De 01/12/1952 às 00h00m até 28/02/1953 às 23h59m (todos os estados)

De 23/10/1963 às 00h00m até 29/02/1964 às 23h59m (SP, MG, RJ, ES; a partir de 09/12/1963 às 00h00m: todos os estados)

De 31/01/1965 às 00h00m até 31/03/1965 às 23h59m (todos os estados)

De 01/12/1965 às 00h00m até 28/02/1966 às 23h59m (todos os estados)

De 01/11/1966 às 00h00m até 28/02/1967 às 23h59m (todos os estados)

De 01/11/1967 às 00h00m até 29/02/1968 às 23h59m (todos os estados)

De 02/11/1985 às 00h00m até 14/03/1986 às 23h59m (todos os estados)

De 25/10/1986 às 00h00m até 13/02/1987 às 23h59m (todos os estados)

De 25/10/1987 às 00h00m até 06/02/1988 às 23h59m (todos os estados)

De 16/10/1988 às 00h00m até 28/01/1989 às 23h59m (todos os estados)

De 15/10/1989 às 00h00m até 10/02/1990 às 23h59m (PA, AP, BA, GO, MG, ES, RJ, SP, PR, SC, RS; até 21/11/1989 às 23h59m: CE)

De 21/10/1990 às 00h00m até 16/02/1991 às 23h59m (MT, MS, GO, DF, BA, MG, ES, RJ, SP, PR, SC, RS)

De 20/10/1991 às 00h00m até 08/02/1992 às 23h59m (MT, MS, GO, DF, BA, MG, ES, RJ, SP, PR, SC, RS)

De 25/10/1992 às 00h00m até 30/01/1993 às 23h59m (MT, MS, GO, DF, BA, MG, ES, RJ, SP, PR, SC, RS, PE)

De 17/10/1993 às 00h00m até 19/02/1994 às 23h59m (MT, MS, GO, DF, BA, MG, ES, RJ, SP, PR, SC, RS)

De 16/10/1994 às 00h00m até 18/02/1995 às 23h59m (AM, MT, MS, GO, DF, BA, MG, ES, RJ, SP, PR, SC, RS)

De 15/10/1995 às 00h00m até 10/02/1996 às 23h59m: (MT, MS, GO, DF, BA, TO, AL, SE, MG, ES, RJ, SP, PR)

De 06/10/1996 às 00h00m até 16/02/1997 às 23h59m (MT, MS, BA, GO, TO, DF, MG, ES, RJ, SP, PR, SC, RS)

De 06/10/1997 às 00h00m até 28/02/1998 às 23h59m (MT, MS, GO, TO, DF, BA, MG, ES, RJ, SP, PR, SC, RS)

De 11/10/1998 às 00h00m até 20/02/1999 às 23h59m (MT, MS, GO, TO, DF, BA, MG, ES, RJ, SP, PR, SC, RS)

De 03/10/1999 às 00h00m até 26/02/2000 às 23h59m (MT, MS, GO, TO, BA, DF, MG, ES, RJ, SP, PR, SC, RS)

De 08/10/2000 às 00h00m até 17/02/2001 às 23h59m (MT, MS, GO, TO, DF, BA, MG, ES, RJ, SP, PR, SC, RS; até

14/10/2000 às 23h59m: PE, RR; até 17/10/2000 às 23h59m: CE; até 21/10/2000 às 23h59m: SE, AL, PB, RN, PI, MA)

De 14/10/2001 às 00h00m até 16/02/2002 às 23h59m (MT, MS, GO, TO, DF, SE, AL, PB, RN, CE, PI, BA, MA, PE, MG, ES, RJ, SP, PR, SC, RS)

De 03/11/2002 às 00h00m até 15/02/2003 às 23h59m (MT, MS, GO, TO, DF, BA, MG, ES, RJ, SP, PR, SC, RS)

APÊNDICE 3

O Sol e os ascendentes dos doze signos

ASCENDENTE ÁRIES

Sol em Áries

Energia, dinamismo, entusiasmo, liderança, iniciativa. Grande necessidade de movimento. Sujeito a afecções na cabeça. Elemento: fogo; metal: ferro; pedras: rubi e diamante; cor: vermelho; dia da semana: terça-feira; planeta regente: Marte.

Sol em Touro

Energia e dinamismo orientados pelo senso prático e pela perseverança. Paciência e capacidade de liderança. Predisposição para afecções na garganta e na cabeça. Elementos: terra e fogo; metais: cobre e ferro; pedras: esmeralda e diamante; cores: branco-azulado e vermelho; dias da semana: terça e sexta-feira; planetas regentes: Vênus e Marte.

Sol em Gêmeos

Energia dirigida para vários assuntos ao mesmo tempo. Gosto pela variedade e pela aventura. Inquietação, impulsividade, necessidade de independência, versatilidade. Risco de afecções na cabeça, pulmões, sistema nervoso, mãos e dedos. Elementos: ar e fogo; metais: mercúrio e ferro; pedras: topázio e rubi; cores: cinza e vermelho; dias da semana: terça e quarta-feira; planetas regentes: Mercúrio e Marte.

Sol em Câncer

Sensibilidade e intuição aliadas à bravura. Visão penetrante e perspicaz. Imaginação e iniciativa. Propensão a doenças febris e afecções na cabeça e no estômago. Elementos: água e fogo; metais: prata e ferro; pedras: pérola e diamante; cores: branco-prateado e vermelho; dias da semana: segunda e terça-feira; planetas regentes: Lua e Marte.

Sol em Leão

Enormes reservas de energia e dinamismo a serviço da criatividade. Vitalidade, liderança e iniciativa, vocação para comandar. Podem ocorrer afecções na cabeça e no coração. Elemento: fogo; metais: ouro e ferro; pedras: diamante e rubi; cores: amarelo e vermelho; dias da semana: terça-feira e domingo; planetas regentes: Sol e Marte.

Sol em Virgem

Energia e dinamismo aliados ao espírito prático. Ambição, apego aos detalhes, grande capacidade de trabalho, paciência. Sujeito a afecções na cabeça e nos sistemas digestivo e nervoso. Elementos: terra e fogo; metais: mercúrio e ferro; pedras: topázio, jaspe rosa e diamante; cores: tons mistos com predominância do amarelo e vermelho; dias da semana: terça e quarta-feira; planetas regentes: Mercúrio e Marte.

Sol em Libra

Determinação combinada ao tato e à diplomacia. Capacidade de persuasão, natureza sociável, necessidade de controlar os demais. Podem ocorrer afecções nos rins e na cabeça, doenças febris. Elementos: ar e fogo; metais: cobre e ferro; pedras: água-marinha e diamante; cores: branco-azulado, verde-claro e vermelho; dias da semana: terça e sexta-feira; planetas regentes: Vênus e Marte.

Sol em Escorpião

Iniciativa, liderança e coragem. Senso de organização e administração. Espírito autoritário e impulsividade. Propensão a doenças febris e afecções na cabeça, órgãos genitais, bexiga e nariz. Elementos: água e fogo; metais: rádio e ferro; pedras: malaquita e diamante; cor: vermelho; dia da semana: terça-feira; planetas regentes: Marte e Plutão.

Sol em Sagitário

Idealismo e coragem. Amor à liberdade, natureza tolerante, expansiva, otimista, independente. Franqueza, entusiasmo. Podem ocorrer doenças febris, afecções na cabeça, fígado e coxas. Elemento: fogo; metais: estanho e ferro; pedras: ametista e diamante; cores: lilás, violeta e vermelho; dias da semana: terça e quinta-feira; planetas regentes: Júpiter e Marte.

Sol em Capricórnio

Energia e dinamismo associados à disciplina e à perseverança. Espírito ambicioso e competitivo. Paciência, responsabilidade, grande capacidade para o trabalho, iniciativa. Sujeito a doenças febris, afecções na cabeça e nos ossos. Elementos: terra e fogo; metais: chumbo e ferro; pedras: ônix e diamante; cores: preto e vermelho; dias da semana: terça-feira e sábado; planetas regentes: Saturno e Marte.

Sol em Aquário

Natureza independente, impulsiva, dinâmica, voltada para as inovações e a originalidade. Gosto pela aventura e por toda sorte de desafios. Propensão a afecções na cabeça e pernas. Elementos: ar e fogo; metais: rádio e ferro; pedras: ametista, âmbar e diamante; cores: azul, lilás e vermelho; dias da semana: terça-feira e sábado; planetas regentes: Urano e Marte.

Sol em Peixes

Sensibilidade e intuição aliadas à energia e à capacidade de liderança. Inspiração criadora e iniciativa. Podem ocorrer afecções na cabeça e nos pés, doenças febris. Elementos: água e fogo; metais: estanho e ferro; pedras: água-marinha e diamante; cores: azul-prateado e vermelho; dias da semana: terça e quinta-feira; planetas regentes: Netuno e Marte.

ASCENDENTE TOURO

Sol em Áries

Paciência, espírito prático, persistência, unidos à ambição e ao dinamismo. Capacidade para grandes realizações. Predisposição e afecções na cabeça e na garganta. Elementos: fogo e terra; metais: ferro e cobre; pedras: rubi e safira; cores: vermelho e branco-azulado; dias da semana: terça e sexta-feira; planetas regentes: Marte e Vênus.

Sol em Touro

Sensibilidade artística, amor à natureza, grande capacidade criadora, sensualidade. Necessidade de segurança e estabilidade. Sujeito a afecções na garganta. Elemento: terra; metais: cobre e bronze; pedras: esmeralda e safira; cores: branco e azul; dia da semana: sexta-feira; planeta regente: Vênus.

Sol em Gêmeos

Habilidade para lidar com pessoas, ideias e situações com senso prático e força de vontade. Conflitos entre a mania de variar e a necessidade de segurança. Predisposição a afecções na garganta, sistema nervoso, pulmões, braços e mãos. Elementos: ar e terra; metais: mercúrio e cobre; pedras: topázio e safira; cores: cinza e branco-azulado; dias da semana: quarta e sexta-feira; planetas regentes: Mercúrio e Vênus.

Sol em Câncer

Combinação que realça o tato e a sensibilidade, tornando a pessoa sociável, compreensiva e tolerante no contato com os outros. Apego às tradições, necessidade de proteção e de segurança. Podem ocorrer afecções na garganta e no estômago. Elementos: água e terra; metais: prata e cobre; pedras: pérola e safira; cores: branco-prata e azul; dias da semana: segunda e sexta-feira; planetas regentes: Lua e Vênus.

Sol em Leão

Energia criadora associada à força de vontade e à determinação. Emoção e intuição ressaltadas. Amor ao luxo e ao conforto. São comuns afecções na garganta, coração e olhos. Elementos: fogo e terra; metais: ouro e cobre; pedras: diamante e safira; cores: amarelo e branco-azulado; dias da semana: sexta-feira e domingo; planetas regentes: Sol e Vênus.

Sol em Virgem

Grande capacidade para o trabalho, acentuado poder de percepção, análise e crítica, mas pouca ambição. Espírito prático, persistência, modéstia. Sujeito a afecções nos sistemas digestivo e nervoso, garganta e mãos. Elemento: terra; metais: mercúrio e cobre; pedras: topázio, jaspe rosa e safira; dias da semana: quarta e sexta-feira; planetas regentes: Mercúrio e Vênus.

Sol em Libra

Sensibilidade, tato, diplomacia e amabilidade. Indecisão entre o comportamento frívolo e a busca de uma relação estável e duradoura com as pessoas. Sujeito a afecções na garganta e nos rins. Elementos: ar e terra; metais: cobre e bronze; pedras: esmeralda e safira; cores: branco-azulado e verde-claro; dia da semana: sexta-feira; planeta regente: Vênus.

Sol em Escorpião

Sutileza e perspicácia aliadas à persistência. Grande poder de persuasão. Espírito autoritário e competitivo, tendência ao ciúme e à possessividade. Gosto pelo mistério. Propensão para afecções na garganta, órgãos genitais, bexiga e nariz. Elementos: água e terra; metais: rádio e cobre; pedras: malaquita e safira; cores: vermelho e branco-azulado; dias da semana: terça e sexta-feira; planetas regentes: Plutão e Vênus.

Sol em Sagitário

Conflito entre o idealismo e o senso prático, entre o amor à liberdade e a necessidade de uma vida estável e segura. Natureza expansiva e alegre, gosto pelo conforto. Propensão a afecções na garganta, fígado e coxas. Elementos: fogo e terra; metais: estanho e cobre; pedras: ametista e safira; cores: lilás, violeta e branco; dias da semana: quinta e sexta-feira; planetas regentes: Júpiter e Vênus.

Sol em Capricórnio

Paciência, senso prático, capacidade de administração. Necessidade de segurança e estabilidade. Ambição e perseverança, tato no relacionamento com os outros. Podem ocorrer afecções nos ossos e na garganta. Elemento: terra; metais: chumbo e cobre; pedras: ônix e safira; cores: preto e branco-azulado; dias da semana: sexta-feira e sábado; planetas regentes: Saturno e Vênus.

Sol em Aquário

Gosto pela inovação e pela originalidade, persistência, determinação em lutar por suas ideias. Natureza autoritária e dominadora. Sujeito a problemas na garganta e nas pernas. Elementos: ar e terra; metais: rádio e cobre; pedras: ametista, âmbar e safira; cores: azul, lilás e branco-azulado; dias da semana: sexta-feira e sábado; planetas regentes: Saturno e Vênus.

Sol em Peixes

Natureza emotiva, sensível, voltada para as artes e capaz de grande dedicação ao próximo. Indecisão, romantismo, tendência à melancolia. Predisposição para afecções nos pés e na garganta. Elementos: água e terra; metais: estanho e cobre; pedras: água-marinha e safira; cores: verde e branco-azulado; dias da semana: quinta e sexta-feira; planetas regentes: Netuno e Vênus.

ASCENDENTE GÊMEOS

Sol em Áries

Natureza agitada, dinâmica, comunicativa, versátil, sociável. Iniciativa, liderança, impulsividade, dispersão. Sujeito a problemas nos pulmões, no sistema nervoso, nas mãos e na cabeça. Elementos: fogo e ar; metais: ferro e mercúrio; pedras: rubi e topázio; cores: vermelho e cinza; dias da semana: terça e quarta-feira; planetas regentes: Marte e Mercúrio.

Sol em Touro

Curiosidade, rapidez mental, senso prático, paciência, amabilidade. Necessidade de segurança e conforto, sensibilidade, indecisão. Predisposição para afecções nos pulmões, sistema nervoso, mãos, garganta. Elementos: terra e ar; metais: cobre e mercúrio; pedras: safira e topázio; cores: branco-azulado e cinza; dias da semana: quarta e sexta-feira; planetas regentes: Vênus e Mercúrio.

Sol em Gêmeos

Ênfase no lado intelectual, grande agilidade física e mental, destreza manual, inteligência, versatilidade, interesse por vários assuntos. Propensão a afecções nos pulmões, sistema nervoso, mãos. Elemento: ar; metal: mercúrio; pedra: topázio; cor: cinza; dia da semana: quarta-feira; planeta regente: Mercúrio.

Sol em Câncer

Habilidade para lidar com as pessoas, sobretudo crianças, por saber divertir e proteger ao mesmo tempo. Inteligência, sensibilidade, imaginação, necessidade de segurança. Podem ocorrer problemas no estômago, pulmões, mãos, sistema nervoso. Elementos: água e ar; metais: prata e mercúrio; pedras: pérola e topázio; cores: branco-prateado e cinza; dias da semana: segunda e quarta-feira; planetas regentes: Lua e Mercúrio.

Sol em Leão

Energia criadora, determinação, inteligência, versatilidade. Otimismo, curiosidade, coragem, generosidade, senso inato do dramático e facilidade de expressão. Podem ocorrer afecções no coração, sistema nervoso, pulmões, mãos. Elementos: fogo e ar; metais: ouro e mercúrio; pedras: diamante e topázio; cores: amarelo e cinza; dias da semana: quarta-feira e domingo; planetas regentes: Sol e Mercúrio.

Sol em Virgem

Grande agilidade física e mental, espírito crítico, inquietação, adaptabilidade. Gosto pela ordem e pela limpeza, destreza manual. Natureza versátil, capaz de realizações em várias áreas. Propensão a afecções nos sistemas digestivo e nervoso, nos pulmões e nas mãos. Elementos: terra e ar; metal: mercúrio; pedra: topázio; cores: mistas com predominância do amarelo e do cinza; dia da semana: quarta-feira; planeta regente: Mercúrio.

Sol em Libra

Rapidez mental, intuição, habilidade para lidar com as pessoas, idealismo. Gosto pela beleza, pela literatura e artes. Comunicação fácil. Predisposição a doenças nos rins, pulmões, sistema nervoso e mãos. Elemento: ar; metais: cobre e mercúrio; pedras: safira e topázio; cores: verde-claro e cinza; dias da semana: quarta e sexta-feira; planetas regentes: Vênus e Mercúrio.

Sol em Escorpião

Conflito entre a profundidade e a versatilidade. Curiosidade, inteligência, sutileza; espírito crítico, inquisitivo e penetrante. Indecisão, inconstância, dispersão. Podem ocorrer problemas nos órgãos genitais, bexiga, nariz, pulmões e mãos. Elementos: água e ar; metais: rádio e mercúrio; pedras: malaquita e topázio; cores: vermelho e cinza; dias da semana: terça e quarta-feira; planetas regentes: Plutão e Mercúrio.

Sol em Sagitário

Entusiasmo, otimismo, inteligência, rapidez mental, versatilidade. Falta-lhe persistência e modéstia. Idealismo, amor à liberdade, marcante senso de justiça. Sujeito a problemas no fígado, coxas, sistema nervoso, pulmões e mãos. Elementos: fogo e ar; metais: estanho e mercúrio; pedras: ametista e topázio; cores: lilás, violeta e cinza; dias da semana: quarta e quinta-feira; planetas regentes: Júpiter e Mercúrio.

Sol em Capricórnio

Persistência, sutileza, agilidade física e mental, sensibilidade, tato, espírito prático, determinação. Ambição. Grande capacidade para o trabalho, versatilidade. Não são incomuns doenças nos ossos, dentes e pele, pulmões, sistema nervoso e mãos. Elementos: terra e ar; metais: chumbo e mercúrio; pedras: ônix e topázio; cores: preto e cinza; dias da semana: quarta-feira e sábado; planetas regentes: Saturno e Mercúrio.

Sol em Aquário

Espírito humanitário, necessidade de inovação, independência, excentricidade, otimismo, interesse em vários assuntos, inteligência, curiosidade. São frequentes as afecções no sistema nervoso, pulmões, pernas, tornozelos, mãos. Elemento: ar; metais: rádio e mercúrio; pedras:

ametista, âmbar e topázio; cores: azul, lilás e cinza; dias da semana: quarta-feira e sábado; planetas regentes: Urano e Mercúrio.

Sol em Peixes

Sensibilidade, intuição, rapidez mental, versatilidade, indecisão, tendência à dispersão. Dedicação ao próximo, habilidade para influenciar e convencer as pessoas. Propensão a problemas nos pés, mãos, pulmões, sistema nervoso. Elementos: água e ar; metais: estanho e mercúrio; pedras: água-marinha e topázio; cores: verde-azulado e cinza; dias da semana: quarta e quinta-feira; planetas regentes: Netuno e Mercúrio.

ASCENDENTE CÂNCER

Sol em Áries

Conflito entre a impulsividade e a necessidade de segurança. Senso de organização e administração, sensibilidade, dinamismo que se associa à prudência. Podem ocorrer afecções na cabeça e no estômago. Elementos: fogo e ar; metais: ferro e prata; pedras: rubi e pérola; cores: vermelho e branco-prateado; dias da semana: segunda e terça-feira; planetas regentes: Marte e Lua.

Sol em Touro

Ambição e força de vontade associadas à sensibilidade e à intuição. Pendor para as artes, senso prático, apego ao lar, gosto pelo conforto e segurança. Não são incomuns afecções na garganta e no estômago, havendo tendência para engordar. Elementos: terra e água; metais: cobre e prata; pedras: safira e pérola; cores: branco e azul-prateado; dias da semana: segunda e sexta-feira; planetas regentes: Vênus e Lua.

Sol em Gêmeos

Agilidades física e mental aliadas à sensibilidade e à intuição. Pendor para as artes e a comunicação. Conflito entre o desejo de variedade e a necessidade de segurança. Podem ocorrer afecções nos pulmões, no sistema nervoso, estômago, mãos. Elementos: ar e água; metais: mercúrio e prata; pedras: topázio e pérola; cores: cinza e branco-prateado; dias da semana: segunda e quarta-feira; planetas regentes: Mercúrio e Lua.

Sol em Câncer

Boa memória, imaginação, sensibilidade, intuição. Forte ligação com o lar e o passado. Tenacidade, necessidade de segurança e proteção. Propensão a afecções no estômago e na pele. Elemento: água; metal: prata; pedra: pérola; cor: branco-prateado; dia da semana: segunda-feira; planeta regente: Lua.

Sol em Leão

Natureza sensível e criativa, com senso inato do dramático e pendor para as artes. Profunda ligação com a família, gosto pelo luxo e pelo conforto, espírito generoso e magnânimo. Propensão a doenças no coração e no estômago. Elementos: fogo e água; metais: ouro e prata; pedras: diamante e pérola; cores: branco-prateado e amarelo; dias da semana: segunda-feira e domingo; planetas regentes: Sol e Lua.

Sol em Virgem

Espírito prático e adaptável associado à sensibilidade, permitindo realizar com perfeição diversas coisas. Disciplina, método, mania de perfeição. Tendência à melancolia. Predisposição para problemas nos sistemas digestivo e nervoso, pele e mãos. Elementos: terra e água; metais: mercúrio e prata; pedras: topázio e pérola; cores: mistas com predominância do amarelo e branco-prateado; dias da semana: segunda e quarta-feira; planetas regentes: Mercúrio e Lua.

Sol em Libra

Interesse inato pelas pessoas associado ao tato e à sensibilidade. Natureza doméstica, emotiva, sentimental e sociável, que busca a harmonia em todos os relacionamentos. Propensão a afecções nos rins e no estômago. Elementos: ar e água; metais: cobre e prata; pedras: água-marinha e pérola; cores: verde-claro e branco-prateado; dias da semana: segunda e sexta-feira; planetas regentes: Vênus e Lua.

Sol em Escorpião

Sutileza e sensibilidade aliadas ao desejo de investigar, analisar e transformar. Gosto pelo mistério, necessidade de segurança, autoritarismo. Podem ocorrer problemas nos órgãos genitais, bexiga, nariz, estômago. Elemento: água; metais: rádio e prata; pedras: malaquita e pérola; cores: vermelho e branco-prateado; dias da semana: segunda e terça-feira; planetas regentes: Plutão e Lua.

Sol em Sagitário

Idealismo que se une à sensibilidade. Ambição e necessidade de segurança e proteção. Capacidade de organização e administração, vitalidade, otimismo. Podem ocorrer problemas no fígado, coxas e estômago. Elementos: fogo e água; metais: estanho e prata; pedras: ametista e pérola; cores: lilás, violeta e branco-prateado; dias da semana: segunda e quinta-feira; planetas regentes: Júpiter e Lua.

Sol em Capricórnio

Ambição, perseverança, desejo de estabilidade e segurança, prestígio profissional. Senso de disciplina e responsabilidade, apego ao lar. Podem ocorrer problemas nos ossos, dentes, estômago. Elementos: terra e água; metais: chumbo e prata; pedras: ônix e pérola; cores: preto e branco-prateado; dias da semana: sábado e segunda-feira; planetas regentes: Saturno e Lua.

Sol em Aquário

Sensibilidade associada à necessidade de inovação e ao idealismo. Determinação, espírito prático, dedicação às causas sociais. Tendência a afecções no estômago, pernas e tornozelos. Elementos: ar e água; metais: rádio e prata; pedras: ametista, âmbar e pérola; cores: lilás, violeta e branco-prateado; dias da semana: segunda-feira e sábado; planetas regentes: Urano e Lua.

Sol em Peixes

Intuição e sensibilidade acentuadas, inspiração criadora, pendor para as artes e a música. Apego ao lar e à família, desejo de segurança. Humor caprichoso. Podem ocorrer afecções nos pés e no estômago. Elemento: água; metais: estanho e prata; pedras: água-marinha e pérola; cores: verde-azulado e branco-prateado; dias da semana: segunda e quinta-feira; planetas regentes: Netuno e Lua.

Ascendente Leão

Sol em Áries

Entusiasmo pelas próprias ideias, audácia, bravura, liderança, iniciativa, dinamismo, vitalidade, magnetismo pessoal. Espírito empreendedor, mas sem muito senso prático. Podem ocorrer afecções na cabeça, no coração e na coluna. Elemento: fogo; metais: ferro e ouro; pedras: rubi e diamante; cores: vermelho e amarelo; dias da semana: domingo e segunda-feira; planetas regentes: Marte e Sol.

Sol em Touro

Criatividade aliada ao senso prático e à perseverança. Gosto pelo conforto, luxo e lazer. Tendência ao esbanjamento. Podem ocorrer problemas na garganta, coração e coluna. Elementos: terra e fogo; metais: cobre e ouro; pedras: safira e diamante; cores: branco-azulado e amarelo; dias da semana: sexta-feira e domingo; planetas regentes: Vênus e Sol.

Sol em Gêmeos

Criatividade associada à inteligência, à rapidez mental e à versatilidade. Brilho pessoal, facilidade para a comunicação, agudo senso de humor, popularidade. Podem ocorrer afecções no sistema nervoso, pulmões, coração e mãos. Elementos: ar e fogo; metais: ouro e mercúrio; pedras: topázio e diamante; cores: cinza e amarelo; dias da semana: domingo e quarta-feira; planetas regentes: Mercúrio e Sol.

Sol em Câncer

Natureza sensível e criativa, lado emocional enfatizado, voltando-se para o lar e as crianças. Tendência à extravagância às vezes entrando em choque com o desejo de segurança. Propensão a afecções no estômago, no coração e na coluna. Elementos: água e fogo; metais: prata e ouro; pedras: pérola e diamante; cores: branco-prateado e amarelo; dias da semana: domingo e segunda-feira; planetas regentes: Lua e Sol.

Sol em Leão

Brilho pessoal, criatividade, senso inato do dramático, gosto pelo luxo, pelo sucesso e pela glória. Coragem, liderança, generosidade, autoritarismo. Propensão a problemas no coração e na coluna vertebral. Elemento: fogo; metal: ouro; pedra: diamante; cor: amarelo-ouro; dia da semana: domingo; planeta regente: Sol.

Sol em Virgem

Espírito prático aliado à criatividade e ao brilho pessoal. A modéstia e a timidez podem entrar em choque com o gosto pelo luxo e grandeza. Podem ocorrer doenças no sistema nervoso, nos intestinos e no coração. Elementos: terra e fogo; metais: mercúrio e ouro; pedras: topázio, jaspe rosa e diamante; cores: tons mistos com predominância do amarelo e amarelo-ouro; dias da semana: quarta-feira e domingo; planetas regentes: Mercúrio e Sol.

Sol em Libra

Natureza amável, afetuosa e sociável, sensibilidade para as artes, senso inato do dramático, generosidade. Gosto pela beleza, conforto e luxo. Não são incomuns afecções nos rins, coração e coluna. Elementos: ar e fogo; metais: cobre e ouro; pedras: safira e diamante; cores: verde claro e amarelo; dias da semana: sexta-feira e domingo; planetas regentes: Vênus e Sol.

Sol em Escorpião

Determinação, dinamismo e coragem associados à criatividade. Persistência, autoritarismo, espírito crítico, tendência ao ciúme e à possessividade. Propensão a afecções nos órgãos genitais, bexiga, coração e coluna. Elementos: água e fogo; metais: rádio e ouro; pedras: malaquita e diamante; cores: vermelho e amarelo; dias da semana: terça-feira e domingo; planetas regentes: Plutão e Sol.

Sol em Sagitário

Inspiração criadora, idealismo, entusiasmo, autoconfiança. Natureza expansiva, tolerante, otimista. Senso marcante de justiça. Predisposição a afecções no fígado, coração e coluna. Elemento: fogo; metais: estanho e ouro; pedras: ametista e diamante; cores: lilás, violeta e amarelo; dias da semana: quinta-feira e domingo; planetas regentes: Júpiter e Sol.

Sol em Capricórnio

Grande potencial criativo associado à perseverança. Gosto pelo poder, ambição, mas também cautela e senso de disciplina e responsabilidade. Propensão a doenças nos ossos, dentes e coração. Elementos: terra e fogo; metais: chumbo e ouro; pedras: ônix e diamante; cores: preto e amarelo; dias da semana: sábado e domingo; planetas regentes: Saturno e Sol.

Sol em Aquário

Impulso inovador, criatividade, magnetismo pessoal, espírito humanitário. Desprezo pelas convenções, gosto pelo luxo, conforto e prazer. Propensão a problemas no coração, coluna, pernas e tornozelos. Elementos: ar e fogo; metais: rádio e ouro; pedras: ametista, âmbar e diamante; cores: azul, lilás e amarelo; dias da semana: sábado e domingo; planetas regentes: Urano e Sol.

Sol em Peixes

Desejo de estabilidade emocional, natureza ardente e determinada inclinando a muitas ligações amorosas. Lado místico enfatizado, dando interesse em filosofia e religião. Predisposição para doenças nos pés, coluna e coração. Elementos: água e fogo; metais: estanho e ouro; pedras: água-marinha e diamante; cores: verde-azulado e amarelo; dias da semana: quinta-feira e domingo; planetas regentes: Netuno e Sol.

ASCENDENTE VIRGEM

Sol em Áries

Combinação que alia dinamismo e energia ao espírito prático e à prudência, dando grande capacidade para o trabalho, sobretudo em tarefas que exijam habilidade, exatidão e paciência. Podem ocorrer afecções na cabeça, sistema nervoso e intestinos. Elementos: fogo e terra; metais: ferro e mercúrio; pedras: rubi, topázio e jaspe rosa; cores: vermelho e tons mistos com predominância do amarelo; dias da semana: terça e quarta-feira; planetas regentes: Marte e Mercúrio.

Sol em Touro

Perseverança, espírito prático e adaptabilidade. Necessidade de segurança e estabilidade, paciência, determinação, sinceridade. Predisposição a doenças na garganta, sistema nervoso e intestinos. Elemento: terra; metais: cobre e mercúrio; pedras: safira, topázio e jaspe rosa; cores: branco-azulado e tons mistos com predominância do amarelo; dias da semana: quarta e sexta-feira; planetas regentes: Vênus e Mercúrio.

Sol em Gêmeos

Rapidez mental, adaptabilidade e senso prático, além de grande poder de observação, análise e crítica. Facilidade para expressar-se de várias formas. Propensão a afecções nos sistemas digestivo e nervoso, pulmões e mãos. Elementos: ar e terra; metal: mercúrio; pedras: topázio e jaspe rosa; cores: cinza e tons mistos com predominância do amarelo; dia da semana: quarta-feira; planeta regente: Mercúrio.

Sol em Câncer

Desejo de segurança e proteção, sensibilidade e intuição. Gosto pela ordem, limpeza, tranquilidade material e moral. Capacidade de profunda percepção, tenacidade. Podem ocorrer afecções no estômago, sistema nervoso e intestinos. Elementos: água e terra; metais: prata e mercúrio; pedras: pérola, topázio e jaspe rosa; cores: branco-prateado e tons mistos com predominância do amarelo; dias da semana: segunda e quarta-feira; planetas regentes: Lua e Mercúrio.

Sol em Leão

Criatividade associada à adaptabilidade e modéstia. A timidez e a cautela exagerada às vezes interferem na expressão da personalidade. Marcante senso de justiça. Sujeito a afecções nos sistemas digestivo e nervoso, coração e coluna. Elementos: fogo e terra; metais: ouro e mercúrio; pedras: diamante, topázio e jaspe rosa; cores: amarelo e tons mistos com predominância do amarelo; dias da semana: domingo e quarta-feira; planetas regentes: Sol e Mercúrio.

Sol em Virgem

Acentuado poder de observação, análise e crítica, noção do detalhe, espírito prático, adaptabilidade. Gosto pela ordem, limpeza, pureza. Predisposição para afecções nos sistemas digestivo e nervoso e nas mãos. Elemento: terra; metal: mercúrio; pedras: topázio e jaspe rosa; cores: tons mistos com predominância do amarelo; dia da semana: quarta-feira; planeta regente: Mercúrio.

Sol em Libra

Interesse inato pelas pessoas, espírito prático, adaptabilidade, natureza amável e refinada. Humor variável. Tendência à autopiedade. Sujeito a doenças nos rins, sistemas digestivo e nervoso e mãos. Elementos: ar e terra; metais: cobre e mercúrio; pedras: safira, topázio e jaspe rosa; cores: verde-claro e tons mistos com predominância do amarelo; dias da semana: quarta e sexta-feira; planetas regentes: Vênus e Mercúrio.

Sol em Escorpião

Determinação, senso prático, adaptabilidade, astúcia, franqueza, competência. Ambição, grande poder de concentração, autoritarismo. Propensão a doenças nos órgãos genitais, sistemas digestivo e nervoso, nariz e mãos. Elementos: água e terra: metais: rádio e mercúrio; pedras: malaquita, topázio e jaspe rosa; cores: vermelho e tons mistos com predominância do amarelo; dias da semana: terça e quarta-feira; planetas regentes: Plutão e Mercúrio.

Sol em Sagitário

Natureza ambiciosa e expansiva, às vezes entrando em choque com a timidez e a modéstia. Idealismo aliado ao espírito prático. Versatilidade. Propensão a doenças no fígado, sistemas digestivo e nervoso e mãos. Elementos: fogo e terra; metais: estanho e mercúrio; pedras: ametista, topázio e jaspe rosa; cores: violeta e tons mistos com predominância do amarelo; dias da semana: quarta e quinta-feira; planetas regentes: Júpiter e Mercúrio.

Sol em Capricórnio

Senso prático, adaptabilidade, prudência, perseverança. Ambição, disciplina e responsabilidade, modéstia, dignidade, paciência. Propensão a doenças nos ossos, dentes, sistemas digestivo e nervoso e mãos. Elemento: terra; metais: chumbo e mercúrio; pedras: ônix e topázio; cores: preto e tons mistos com predominância do amarelo; dias da semana: quarta-feira e sábado; planetas regentes: Saturno e Mercúrio.

Sol em Aquário

Espírito humanitário, voltado para assuntos sociais, senso prático, adaptabilidade. Atitude reservada e comedida no contato social. Desejo de liberdade pessoal. Propensão a doenças nos sistemas digestivo e nervoso, mãos, pernas e tornozelos. Elementos: ar e terra; metais: rádio e mercúrio; pedras: ametista, âmbar e topázio; cores: azul, lilás e tons mistos com predominância do amarelo; dias da semana: quarta-feira e sábado; planetas regentes: Urano e Mercúrio.

Sol em Peixes

Dedicação ao próximo, senso prático e adaptabilidade. Intuição, sensibilidade para as artes e a música, inspiração criadora. Tendência à melancolia. Sujeito a afecções nos sistemas digestivo e nervoso, mãos e pés. Elementos: água e terra; metais: estanho e mercúrio; pedras: água-marinha, topázio e jaspe rosa; cores: verde-azulado e tons mistos com predominância do amarelo; dias da semana: quarta e quinta-feira; planetas regentes: Netuno e Mercúrio.

Sol em Áries

Habilidade em influenciar os outros de maneira gentil e diplomática. Grande desejo de companhia, iniciativa, liderança, magnetismo pessoal. Sujeito a afecções na cabeça e rins. Elementos: fogo e ar; metais: ferro e cobre; pedras: rubi e safira; cores: vermelho e verde-claro; dias da semana: terça e sexta-feira; planetas regentes: Marte e Vênus.

Sol em Touro

Gosto pela beleza e harmonia, amor à natureza, senso de justiça. Grande necessidade de companhia, indecisão, preguiça. Propensão a doenças na garganta e rins. Elementos: terra e ar; metais: cobre e bronze; pedras: safira, esmeralda e ágata; cores: branco, azul e verde-claro; dia da semana: sexta-feira; planeta regente: Vênus.

Sol em Gêmeos

Capacidade de adaptar-se aos grupos sociais mais diversos, senso de humor, inteligência, amabilidade e refinamento. Versatilidade, indecisão, inconstância. Sujeito a problemas nos pulmões, sistema nervoso, rins e mãos. Elemento: ar; metais: mercúrio e cobre; pedras: topázio e safira; cores: cinza e verde-claro; dias da semana: quarta e sexta-feira; planetas regentes: Mercúrio e Vênus.

Sol em Câncer

Sensibilidade, interesse pelas pessoas, amabilidade e refinamento. Necessidade de segurança e proteção, intuição, delicadeza, tenacidade. Propensão a doenças no estômago e nos rins. Elementos: água e ar; metais: prata e cobre; pedras: pérola e safira; cores: branco-prateado e verde-claro; dias da semana: segunda e sexta-feira; planetas regentes: Lua e Vênus.

Sol em Leão

Sociabilidade, brilho pessoal, interesse inato pelas pessoas, senso do dramático. Lealdade, generosidade, tendência ao autoritarismo. Propensão a doenças nos rins, coração e coluna. Elementos: fogo e ar; metais: ouro e cobre; pedras: diamante e safira; cores: amarelo e verde-claro; dias da semana: domingo e sexta-feira; planetas regentes: Sol e Vênus.

Sol em Virgem

Grande necessidade de companhia e de afeto, porém a timidez e prudência excessivas podem interferir nos relacionamentos mais próximos. Podem ocorrer afecções nos sistemas digestivo e nervoso, rins, mãos. Elementos: terra e ar; metais: mercúrio e cobre; pedras: topázio e safira; cores: tons mistos com predominância do amarelo e verde-claro; dias da semana: quarta e sexta-feira; planetas regentes: Mercúrio e Vênus.

Sol em Libra

Natureza amável, sociável, refinada; gosto por conforto, beleza, arte, música. Senso marcante de justiça. Habilidade para lidar com as pessoas. Propensão a afecções renais. Elemento: ar; metal: cobre; pedras: safira e esmeralda; cor: verde-claro; dia da semana: sexta-feira; planeta regente: Vênus.

Sol em Escorpião

Poder de profunda percepção e crítica, sutileza no contato com as pessoas, amabilidade, senso de humor, refinamento. Intuição, gosto pelo mistério. Podem ocorrer doenças nos órgãos genitais, bexiga e rins. Elementos: água e ar; metais: rádio e cobre; pedras: malaquita e safira; cores: vermelho e verde-claro; dias da semana: terça e sexta-feira; planetas regentes: Plutão e Vênus.

Sol em Sagitário

Magnetismo pessoal, versatilidade, facilidade de expressão. Idealismo, interesse inato pelas pessoas, amor à liberdade, otimismo, senso marcante de justiça. Podem ocorrer afecções no fígado, coxas, rins. Elementos: fogo e ar; metais: estanho e cobre; pedras: ametista e safira; cores: lilás, violeta e verde-claro; dias da semana: quinta e sexta-feira; planetas regentes: Júpiter e Vênus.

Sol em Capricórnio

Ambição e capacidade para o trabalho associadas à amabilidade e ao refinamento. Autoritarismo, diplomacia e gentileza. Forte ligação com a família. Podem ocorrer afecções nos ossos e dentes, pele e rins. Elementos: terra e ar; metais: chumbo e cobre; pedras: ônix e safira; cores: preto e verde-claro; dias da semana: sexta-feira e sábado; planetas regentes: Saturno e Vênus.

Sol em Aquário

Espírito humanitário aliado à amabilidade. Originalidade, refinamento, excentricidade. Necessidade de companhia, mas também de liberdade pessoal. Propensão e afecções nos rins, pernas e tornozelos. Elemento: ar; metais: rádio e cobre; pedras: ametista, âmbar e safira; cores: azul, lilás e verde-claro; dias da semana: sexta-feira e sábado; planetas regentes: Urano e Vênus.

Sol em Peixes

Necessidade de companhia associada à profundidade de sentimentos e à adaptabilidade. Sociabilidade, gentileza, facilidade de comunicação. Predisposição a afecções nos rins e nos pés. Elementos: água e ar; metais: estanho e cobre; pedras: água-marinha e safira; cores: verde-azulado e verde-claro; dias da semana: quinta e sexta-feira; planetas regentes: Netuno e Vênus.

Sol em Áries

Determinação aliada ao dinamismo e à energia, iniciativa, liderança, competitividade, coragem. Agudo senso crítico, autoritarismo, impulsividade. Podem ocorrer afecções na cabeça, órgãos genitais e bexiga. Elementos: fogo e água; metais: ferro e rádio; pedras: rubi e malaquita; cor: vermelho; dia da semana: terça-feira; planetas regentes: Marte e Plutão.

Sol em Touro

Capacidade de profunda percepção associada ao senso prático e à perseverança. Visão penetrante, sutileza, sensibilidade, paciência, apesar da competitividade. Propensão a afecções na garganta, órgãos genitais e bexiga. Elementos: terra e água; metais: cobre e rádio; pedras: safira e malaquita; cores: branco-azulado e vermelho; dias da semana: terça e sexta-feira; planetas regentes: Vênus e Plutão.

Sol em Gêmeos

Aptidão marcante para a análise e a crítica, para a investigação de assuntos misteriosos e difíceis. Ambição, competitividade, inteligência, curiosidade. Propensão a doenças nos pulmões, sistema nervoso e órgãos genitais. Elementos: ar e água; metais: mercúrio e rádio; pedras: topázio e malaquita; cores: cinza e vermelho; dias da semana: terça e quarta-feira; planetas regentes: Mercúrio e Plutão.

Sol em Câncer

Natureza determinada, persistente, observadora e crítica. Necessidade de segurança e proteção, gosto pelo mistério, sensibilidade, intuição. Podem ocorrer afecções no estômago, órgãos genitais e bexiga. Elemento: água; metais: prata e rádio; pedras: pérola e malaquita; cores: branco-prateado e vermelho; dias da semana: segunda e terça-feira; planetas regentes: Lua e Plutão.

Sol em Leão

Visão aguda e penetrante, dom de observação e crítica, magnetismo pessoal, determinação, autoconfiança, entusiasmo. Ambição, competitividade, independência. Podem ocorrer afecções no coração, nos órgãos genitais e bexiga. Elementos: fogo e água; metais: ouro e rádio; pedras: diamante e malaquita; cores: amarelo e vermelho; dias da semana: domingo e terça-feira; planetas regentes: Sol e Plutão.

Sol em Virgem

Grande capacidade para o trabalho, senso prático e dom de profunda percepção, análise e crítica. Sutileza, gosto pela perfeição, determinação. Propensão a doenças nos sistemas digestivo e nervoso, órgãos genitais e bexiga. Elementos: terra e água; metais: mercúrio e rádio; pedras: topázio e malaquita; cores: tons mistos com predominância do amarelo e do vermelho; dias da semana: terça e quarta-feira; planetas regentes: Mercúrio e Plutão.

Sol em Libra

Dom de criticar de forma penetrante, manipulando as palavras de modo sutil e diplomático. Talento para lidar com as pessoas, determinação, amabilidade, magnetismo pessoal. Podem ocorrer problemas nos rins, órgãos genitais e bexiga. Elementos: ar e água; metais: cobre e rádio; pedras: safira e malaquita; cores: verde-claro e vermelho; dias da semana: terça e sexta-feira; planetas regentes: Vênus e Plutão.

Sol em Escorpião

Ambição, criatividade, audácia, determinação, sutileza, magnetismo pessoal. Grande capacidade de análise e crítica. Tendência para o ciúme e a possessividade. Podem ocorrer afecções nos órgãos genitais, bexiga e nariz. Elemento: água; metal: rádio; pedra: malaquita; cor: vermelho; dia da semana: terça-feira; planeta regente: Plutão.

Sol em Sagitário

Idealismo aliado à determinação, ambição, capacidade para o planejamento e a organização. Autoritarismo, dificuldade em aceitar os fracassos, competitividade. Podem ocorrer afecções no fígado, coxas e órgãos genitais. Elementos: fogo e água; metais: estanho e rádio; pedras: ametista e malaquita; cores: lilás, violeta e vermelho; dias da semana: terça e quinta-feira; planetas regentes: Júpiter e Plutão.

Sol em Capricórnio

Poder de profunda percepção, determinação e perseverança. Grande capacidade para administração e organização, ambição, autoritarismo, seriedade. Podem ocorrer afecções nos ossos, dentes, órgãos genitais e bexiga. Elementos: terra e água; metais: chumbo e rádio; pedras: ônix e malaquita; cores: preto e vermelho; dias da semana: terça-feira e sábado; planetas regentes: Saturno e Plutão.

Sol em Aquário

Necessidade de inovação, de liberdade pessoal, de transformação de todas as coisas. Capacidade de análise e crítica, determinação, interesse pelos estudos. Propensão a doenças nos órgãos genitais, pernas e tornozelos. Elementos: ar e e água; metal: rádio; cores: azul, lilás e vermelho; dias da semana: terça-feira e sábado; planetas regentes: Urano e Plutão.

Sol em Peixes

Determinação associada à intuição e à sensibilidade. Lado emocional enfatizado. Indecisão, natureza sonhadora, sentimental e romântica. Inspiração criadora. Gosto pelo mistério. Propensão a afecções nos pés e órgãos genitais. Elemento: água; metais: estanho e rádio; pedras: água-marinha e malaquita; cores: verde-azulado e vermelho; dias da semana: terça e quinta-feira; planetas regentes: Netuno e Plutão.

Sol em Áries

Idealismo, entusiasmo, vitalidade e dinamismo, coragem, fascínio pela aventura. Liderança, iniciativa, senso de justiça. Versatilidade e autoconfiança. Podem ocorrer afecções no fígado, coxas, cabeça. Elemento: fogo; metais: estanho e ferro; pedras: ametista e rubi; cores: lilás, violeta e vermelho; dias da semana: terça e quinta-feira; planetas regentes: Marte e Júpiter.

Sol em Touro

Visão prática das aspirações idealistas, perseverança, adaptabilidade, paciência. Autoconfiança, otimismo, interesse em assuntos filosóficos ou religiosos. Podem ocorrer doenças na garganta, fígado e coxas. Elementos: terra e fogo; metais: cobre e estanho; pedras: safira e ametista; cores: branco-azulado e violeta; dias da semana: quinta e sexta-feira; planetas regentes: Vênus e Júpiter.

Sol em Gêmeos

Lado mental enfatizado, inteligência, curiosidade, versatilidade, natureza sociável, expansiva e otimista. Ambição, ânsia de liberdade, tendência à dispersão. Podem ocorrer afecções nos pulmões, sistema nervoso e fígado. Elementos: ar e fogo; metais: mercúrio e estanho; pedras: topázio e ametista; cores: cinza e violeta; dias da semana: quarta e quinta-feira; planetas regentes: Mercúrio e Júpiter.

Sol em Câncer

Idealismo associado a uma natureza sensível e ávida por segurança. Lados mental e espiritual enfatizados, sensibilidade, intuição, imaginação, tenacidade. Podem ocorrer afecções no estômago, fígado e coxas. Elementos: água e fogo; metais: prata e estanho; pedras: pérola e ametista; cores: branco-prateado e violeta; dias da semana: segunda e quinta-feira; planetas regentes: Lua e Júpiter.

Sol em Leão

Idealismo associado ao brilho pessoal e à criatividade, autoconfiança, entusiasmo, coragem, generosidade, autoritarismo, desejo de liberdade pessoal. Propensão a doenças no coração, coluna, fígado e coxas. Elemento: fogo; metais: ouro e estanho; pedras: diamante e ametista; cores: amarelo e violeta; dias da semana: quinta-feira e domingo; planetas regentes: Sol e Júpiter.

Sol em Virgem

Natureza prática e adaptável aliada ao idealismo. Autoconfiança, otimismo, sensibilidade, modéstia, grande capacidade para o trabalho. Predisposição para doenças nos sistemas digestivo e nervoso, fígado e coxas. Elementos: terra e fogo; metais: mercúrio e estanho; pedras: topázio e ametista; cores: tons mistos com predominância do amarelo e do violeta; dias da semana: quarta e quinta-feira; planetas regentes: Mercúrio e Júpiter.

Sol em Libra

Idealismo, refinamento e amabilidade, dando uma natureza sociável, talentosa, sonhadora, otimista e versátil. Popularidade, charme pessoal. Podem ocorrer afecções nos rins, fígado e coxas. Elementos: ar e fogo; metais: cobre e estanho; pedras: safira e ametista; cores: verde-claro e violeta; dias da semana: quinta e sexta-feira; planetas regentes: Vênus e Júpiter.

Sol em Escorpião

Visão ampla e profunda da realidade, ambição, determinação. Tendência a dispersar energia em diversos assuntos. Gosto pelo mistério, pela investigação. Podem ocorrer afecções nos órgãos genitais, fígado e coxas. Elementos: água e fogo; metais: rádio e estanho; pedras: malaquita e ametista; cores: vermelho e violeta; dias da semana: terça e quinta-feira; planetas regentes: Plutão e Júpiter.

Sol em Sagitário

Natureza otimista, expansiva, tolerante, alegre, autoconfiante. Necessidade de liberdade pessoal, magnetismo, autoritarismo. Marcante senso de justiça. Propensão a afecções no fígado e coxas. Elemento: fogo; metal: estanho; pedra: ametista; cor: violeta; dia da semana: quinta-feira; planeta regente: Júpiter.

Sol em Capricórnio

Perseverança e senso prático no trato com as aspirações maiores. Interesse por variados assuntos. Disciplina, seriedade, desejo de aprofundar-se naquilo que lhe interessa. Podem ocorrer afecções nos ossos e dentes, fígado e coxas. Elementos: terra e fogo; metais: chumbo e estanho; pedras: ônix e ametista; cores: preto e violeta; dias da semana: quinta-feira e sábado; planetas regentes: Saturno e Júpiter.

Sol em Aquário

Inventividade, gosto pela inovação, pela vanguarda, idealismo, entusiasmo. Ênfase no lado intelectual, aprofundando a visão da realidade. Independência. Predisposição para doenças no fígado, coxas, pernas e tornozelos. Elementos: ar e fogo; metais: rádio e estanho; pedras: ametista e âmbar; cores: azul, lilás e violeta; dias da semana: quinta-feira e sábado; planetas regentes: Urano e Júpiter.

Sol em Peixes

Dedicação ao próximo, idealismo, intuição e sensibilidade. Tendência a exagerar a proporção real das coisas. Inclinação para assuntos místicos e filosóficos, para a arte e a música. Propensão a afecções no fígado, coxas e pés. Elementos: água e fogo; metal: estanho; pedras: água-marinha e ametista; cores: verde-azulado e violeta; dia da semana: quinta-feira; planetas regentes: Netuno e Júpiter.

Sol em Áries

Disciplina e senso prático associados ao vigor e ao dinamismo. Autoritarismo, seriedade, senso de responsabilidade, capacidade de organização e administração. Podem ocorrer afecções na cabeça, ossos e dentes. Elementos: fogo e terra; metais: ferro e chumbo; pedras: rubi e ônix; cores: vermelho e preto; dias da semana: terça-feira e sábado; planetas regentes: Marte e Saturno.

Sol em Touro

Senso prático e perseverança acentuados, paciência, sensibilidade para a arte e a música, talento para lidar com o público. Necessidade de estabilidade e segurança. Podem ocorrer afecções na garganta, ossos e dentes. Elemento: terra; metais: cobre e chumbo; pedras: safira e ônix; cores: branco-azulado e preto; dias da semana: sexta-feira e sábado; planetas regentes: Vênus e Saturno.

Sol em Gêmeos

Habilidade para persuadir os outros através do manejo das palavras. Inteligência, versatilidade, perseverança, ambição, responsabilidade. Propensão a afecções nos pulmões, sistema nervoso, ossos e dentes. Elementos: ar e terra; metais: mercúrio e chumbo; pedras: topázio e ônix; cores: cinza e preto; dias da semana: quarta-feira e sábado; planetas regentes: Mercúrio e Saturno.

Sol em Câncer

Necessidade de segurança e proteção associada à perseverança e ao senso prático. Habilidade para lidar com assuntos materiais, tenacidade, paciência, diplomacia. Predisposição a doenças no estômago, ossos e dentes. Elementos: água e terra; metais: prata e chumbo; pedras: pérola e ônix; cores: branco-prateado e preto; dias da semana: segunda-feira e sábado; planetas regentes: Lua e Saturno.

Sol em Leão

Firmeza de propósitos, criatividade, senso prático e determinação em vencer. Magnetismo pessoal, dignidade, generosidade, liderança. Gosto pelo conforto, luxo e prestígio. Podem ocorrer afecções no coração, coluna, ossos e dentes. Elementos: fogo e terra; metais: ouro e chumbo; pedras: diamante e ônix; cores: amarelo e preto; dias da semana: sábado e domingo; planetas regentes: Sol e Saturno.

Sol em Virgem

Senso prático, persistência, adaptabilidade, grande capacidade de trabalho, paciência, seriedade, responsabilidade. Visão crítica da realidade, noção de detalhe. Podem ocorrer doenças nos sistemas digestivo e nervoso, ossos e dentes. Elemento: terra; metais: mercúrio e chumbo; pedras: topázio e ônix; cores: tons mistos com predominância do amarelo e preto; dias da semana: quarta-feira e sábado; planetas regentes: Mercúrio e Saturno.

Sol em Libra

Natureza conservadora, prática e perseverante, buscando a perfeição em tudo que faz. Timidez e reserva interferindo nos relacionamentos mais próximos. Tendência a doenças nos rins, ossos e dentes. Elementos: ar e terra; metais: cobre e chumbo; pedras: safira e ônix; cores: verde-claro e preto; dias da semana: sexta-feira e sábado; planetas regentes: Vênus e Saturno.

Sol em Escorpião

Poder de profunda percepção, determinação, perseverança e espírito prático. Ambição, mas também cautela. Grande capacidade para administração e organização. Podem ocorrer afecções nos órgãos genitais, ossos e dentes. Elementos: água e terra; metais: rádio e chumbo; pedras: malaquita e ônix; cores: vermelho e preto; dias da semana: terça-feira e sábado; planetas regentes: Plutão e Saturno.

Sol em Sagitário

Capacidade para desenvolver vários projetos com seriedade e competência. Senso prático, perseverança, visão ampla e profunda da realidade. Responsabilidade. Propensão para afecções no fígado, ossos e dentes. Elementos: fogo e terra; metais: estanho e chumbo; pedras: ametista e ônix; cores: violeta e preto; dias da semana: quinta-feira e sábado; planetas regentes: Júpiter e Saturno.

Sol em Capricórnio

Grande capacidade para o trabalho, para a administração e a organização, responsabilidade, senso do dever e seriedade. Necessidade de segurança e estabilidade. Podem ocorrer afecções nos ossos e dentes. Elemento: terra; metal: chumbo; pedra: ônix; cor: preto; dia da semana: sábado; planeta regente: Saturno.

Sol em Aquário

Capacidade para reformar, inovar e aperfeiçoar as condições em que vive, proporcionando o progresso a todos. Opiniões originais, audaciosas, às vezes entrando em choque com a cautela e a formalidade. Podem ocorrer afecções nos ossos, dentes, pernas e tornozelos. Elementos: ar e terra; metais: rádio e chumbo; pedras: ametista e ônix; cores: azul, lilás e preto; dia da semana: sábado; planetas regentes: Urano e Saturno.

Sol em Peixes

Grande dedicação ao próximo, senso prático e perseverança. Prudência, senso de organização e responsabilidade. Pendor para as artes e a música. Propensão a doenças nos pés, ossos e dentes. Elementos: água e terra; metais: estanho e chumbo; pedras: água-marinha e ônix; cores: verde-azulado e preto; dias da semana: quinta-feira e sábado; planetas regentes: Netuno e Saturno.

Sol em Áries

Lado mental enfatizado, dando interesse por assuntos intelectuais. Vitalidade, dinamismo e autoconfiança voltados para o público ou atividades em grupo. Liderança. Propensão para afecções na cabeça, pernas e tornozelos. Elementos: fogo e ar; metais: ferro e rádio; pedras: rubi e ametista; cores: vermelho, azul e lilás; dias da semana: terça-feira e sábado; planetas regentes: Marte e Urano.

Sol em Touro

Concretização dos ideais através do trabalho cotidiano, paciente e perseverante. Necessidade de segurança que pode entrar em choque com o desprendimento e o impulso para a inovação. Predisposição para doenças na garganta, pernas e tornozelos. Elementos: terra e ar; metais: cobre e rádio; pedras: safira e ametista; cores: branco-azulado e lilás; dias da semana: sexta-feira e sábado; planetas regentes: Vênus e Urano.

Sol em Gêmeos

Impulso para inovação, originalidade, inteligência, rapidez mental, curiosidade, versatilidade. Entusiasmo contagiante, lado mental enfatizado. Idealismo. Propensão para doenças nos pulmões, sistema nervoso, pernas e tornozelos. Elemento: ar; metais: mercúrio e rádio; pedras: topázio e ametista; cores: cinza e lilás; dias da semana: quarta-feira e sábado; planetas regentes: Mercúrio e Urano.

Sol em Câncer

Tentativa de equilibrar a necessidade de segurança com a ânsia de inovar. Interesse em assuntos sociais, altruísmo, percepção aguda da realidade, sensibilidade, intuição. Propensão a problemas no estômago, pernas e tornozelos. Elementos: água e ar; metais: prata e rádio; pedras: pérola e ametista; cores: branco-prateado e lilás; dias da semana: segunda-feira e sábado; planetas regentes: Lua e Urano.

Sol em Leão

Conflito entre o desejo de reconhecimento e sua auto-afirmação e a dedicação impessoal à humanidade. Brilho pessoal, generosidade, necessidade de inovação. Originalidade. Propensão a afecções no coração, coluna, pernas e tornozelos. Elementos: fogo e ar; metais: ouro e rádio; pedras: diamante e ametista; cores: amarelo e lilás; dias da semana: sábado e domingo; planetas regentes: Sol e Urano.

Sol em Virgem

Lado mental enfatizado, por vezes interferindo na vida emocional. Interesse por assuntos variados, visão ampla e abrangente aliada à noção do detalhe. Propensão a doenças nos sistemas digestivo e nervoso, pernas e tornozelos. Elementos: terra e ar; metais: mercúrio e rádio; pedras: topázio e ametista; cores: tons mistos com predominância do amarelo e lilás; dias da semana: quarta-feira e sábado; planetas regentes: Mercúrio e Urano.

Sol em Libra

Espírito humanitário associado à amabilidade e ao interesse inato pelas pessoas. Natureza idealista, romântica, talentosa, sonhadora e original. Altruísmo. Predisposição para afecções nos rins, pernas e tornozelos. Elemento: ar; metais: cobre e rádio; pedras: safira e ametista; cores: verde-claro e lilás; dias da semana: sexta-feira e sábado; planetas regentes: Vênus e Urano.

Sol em Escorpião

Visão ampla e quase intuitiva da realidade. Natureza sensível, leal e afetuosa; gosto pelos estudos abstratos ou ocultos. Originalidade, determinação. Predisposição para afecções nos órgãos genitais, pernas e tornozelos. Elementos: água e ar; metal: rádio; pedras: malaquita e ametista; cores: vermelho e lilás; dias da semana: terça-feira e sábado; planetas regentes: Plutão e Urano.

Sol em Sagitário

Idealismo associado ao impulso inovador, entusiasmo pelas próprias ideias, autoconfiança, originalidade. Amor à liberdade, senso de justiça. Propensão a afecções no fígado, coxas, pernas e tornozelos. Elementos: fogo e ar; metais: estanho e rádio; pedras: ametista e âmbar; cores: lilás e violeta; dias da semana: quinta-feira e sábado; planetas regentes: Júpiter e Urano.

Sol em Capricórnio

Capacidade de realizar as tarefas mais árduas e entediantes, desde que impliquem aperfeiçoamento e inovação. Ambição e firmeza de propósitos aliadas à originalidade. Propensão a afecções nos ossos e dentes, pernas e tornozelos. Elementos: terra e ar; metais: chumbo e rádio; pedras: ônix e ametista; cores: preto e lilás; dia da semana: sábado; planetas regentes: Saturno e Urano.

Sol em Aquário

Impulso para a inovação, a excentricidade, a originalidade. Natureza talentosa e inventiva, voltada para o progresso. Espírito autoritário e individualista. Podem ocorrer afecções nas pernas e tornozelos. Elemento: ar; metal: rádio; pedras: ametista e âmbar; cores: azul e lilás; dia da semana: sábado; planeta regente: Urano.

Sol em Peixes

Idealismo, sensibilidade, intuição, interesse pelas pessoas. Natureza sentimental, romântica, influenciável, voltada para o bem-estar e o progresso dos demais. Propensão a afecções nas pernas, tornozelos e pés. Elementos: água e ar; metais: estanho e rádio; pedras: água-marinha e ametista; cores: verde-azulado e lilás; dias da semana: quinta-feira e sábado; planetas regentes: Netuno e Urano.

Sol em Áries

Dinamismo e energia associados à sensibilidade e à intuição. A ambição e a competitividade não interferem na maneira amável e generosa de ser. Liderança e refinamento. Propensão a afecções na cabeça e nos pés. Elementos: fogo e água; metais: ferro e estanho; pedras: rubi e água-marinha; cores: vermelho e verde-azulado; dias da semana: terça e quinta-feira; planetas regentes: Marte e Netuno.

Sol em Touro

Natureza talentosa, criativa e sonhadora, paciente e perseverante. Magnetismo pessoal. Necessidade de segurança, conforto e estabilidade. Podem ocorrer problemas na garganta e nos pés. Elementos: terra e água; metais: cobre e estanho; pedras: safira e água-marinha; cores: branco-azulado e verde; dias da semana: quinta e sexta-feira; planetas regentes: Vênus e Netuno.

Sol em Gêmeos

Natureza sensível e intuitiva, versátil e adaptável. Humor caprichoso, alternando entusiasmo com depressão. Indecisão, inconstância, rapidez mental. Propensão a problemas nos pulmões, no sistema nervoso, mãos e pés. Elementos: ar e água; metais: mercúrio e estanho; pedras: topázio e água marinha; cores: cinza e verde-azulado; dias da semana: quarta e quinta-feira; planetas regentes: Mercúrio e Netuno.

Sol em Câncer

Sensibilidade e intuição, necessidade de segurança e proteção, habilidade para lidar com os negócios. Imaginação, memória, apego ao lar, tenacidade, pendor para as artes e a música. Predisposição para afecções no estômago e nos pés. Elemento: água; metais: prata e estanho; pedras: pérola e água-marinha; cores: branco-prateado e verde-azulado;

dias da semana: segunda e quinta-feira; planetas regentes: Lua e Netuno.

Sol em Leão

Natureza sensível, criativa, tolerante e generosa, voltada para o bem-estar de todos. Visão ampla e intuitiva da realidade, ambição, inspiração criadora, vitalidade. Podem ocorrer afecções no coração, coluna e pés. Elementos: fogo e água; metais: ouro e estanho; pedras: diamante e água-marinha; cores: amarelo e verde-azulado; dias da semana: domingo e quinta-feira; planetas regentes: Sol e Netuno.

Sol em Virgem

Sensibilidade aliada ao espírito prático e ao senso de aguda percepção. Grande interesse pelas pessoas, sentimentalismo, adaptabilidade. Podem ocorrer afecções nos sistemas digestivo e nervoso, mãos e pés. Elementos: terra e água; metais: mercúrio e estanho; pedras: topázio e água-marinha; cores: tons mistos com predominância do amarelo e verde-azulado; dias da semana: quarta e quinta-feira; planetas regentes: Mercúrio e Netuno.

Sol em Libra

Natureza sociável, refinada, sensível, intuitiva, altruísta, bastante influenciável. Indecisão, inconstância. Pendor para as artes e a música. Podem ocorrer afecções nos rins e nos pés. Elementos: ar e água; metais: cobre e estanho; pedras: safira e água-marinha; cores: verde-claro e verde-azulado; dias da semana: quinta e sexta-feira; planetas regentes: Vênus e Netuno.

Sol em Escorpião

Poder de profunda percepção e determinação aliado à sensibilidade. Natureza intensa, apaixonada, penetrante e transformadora. Tendência à melancolia. Propensão a afecções nos órgãos genitais, bexiga, nariz e pés. Elemento: água; metais: rádio e estanho; pedras: malaquita e água-marinha;

cores: vermelho e verde-azulado; dias da semana: terça e quinta-feira; planetas regentes: Plutão e Netuno.

Sol em Sagitário

Visão idealista e filosófica da realidade. Tendência ao exagero, à extravagância. Natureza sensível, tolerante, otimista, amável, com grande senso de justiça. Propensão a afecções no fígado, coxas e pés. Elementos: fogo e água; metais: estanho; pedras: ametista e água-marinha; cores: violeta e verde-azulado; dia da semana: quinta-feira; planetas regentes: Júpiter e Netuno.

Sol em Capricórnio

Grande interesse pelas pessoas, profunda compreensão dos problemas humanos, sensibilidade, perseverança e senso prático. Idealismo aliado a grande capacidade de trabalho. Podem ocorrer problemas nos ossos, dentes e pés. Elementos: terra e água; metais: chumbo e estanho; pedras: ônix e água-marinha; cores: preto e verde-azulado; dias da semana: quinta-feira e sábado; planetas regentes: Saturno e Netuno.

Sol em Aquário

Profunda espiritualidade, fé interior, aspirações idealistas voltadas para o meio social. Sensibilidade, inspiração criadora, intuição, mente inventiva e original. Podem ocorrer afecções nas pernas, tornozelos e pés. Elementos: ar e água; metais: rádio e estanho; pedras: ametista e água-marinha; cores: azul, lilás e verde-azulado; dias da semana: quinta-feira e sábado; planetas regentes: Urano e Netuno.

Sol em Peixes

Natureza talentosa, sonhadora, inspirada, sensível e intuitiva. Dedicação ao próximo, pendor para as artes e a música, idealismo. Indecisão, humor variável, tendência à melancolia. Propensão para afecções nos pés. Elemento: água; metal: estanho; pedra: água-marinha; cor: verde-azulado; dia da semana: quinta-feira; planeta regente: Netuno.

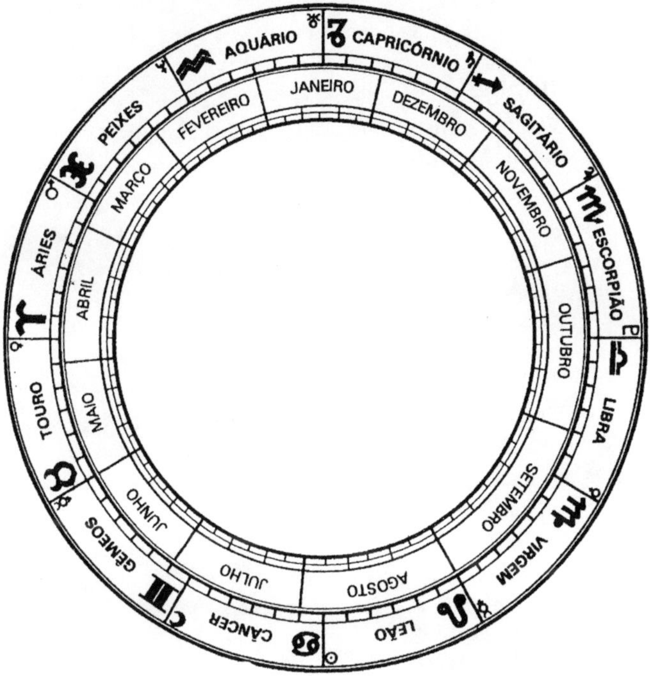
AQUÁRIO
CAPRICÓRNIO
SAGITÁRIO
ESCORPIÃO
LIBRA
VIRGEM
LEÃO
CÂNCER
GÊMEOS
TOURO
ÁRIES
PEIXES
JANEIRO
DEZEMBRO
NOVEMBRO
OUTUBRO
SETEMBRO
AGOSTO
JULHO
JUNHO
MAIO
ABRIL
MARÇO
FEVEREIRO

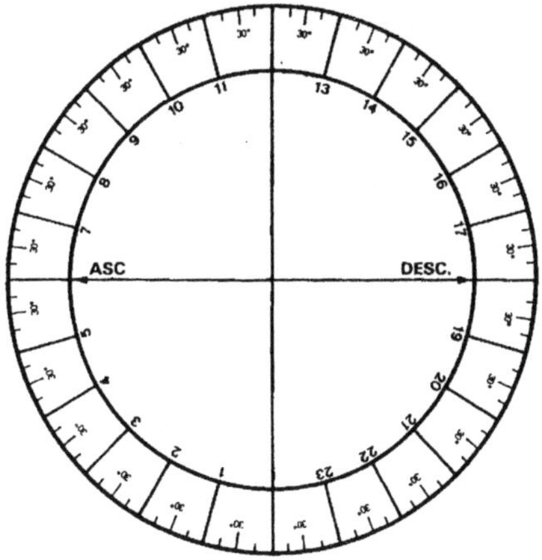
ASC
DESC.
1
2
3
4
5
7
8
9
10
11
13
14
15
16
17
19
20
21
22
23
30°

Coleção **L&PM** POCKET (LANÇAMENTOS MAIS RECENTES)

511.**Garfield em toneladas de diversão** (5) – Jim Davis
512.**Trem-bala** – Martha Medeiros
513.**Os cães ladram** – Truman Capote
514.**O Kama Sutra de Vatsyayana**
515.**O crime do Padre Amaro** – Eça de Queiroz
516.**Odes de Ricardo Reis** – Fernando Pessoa
517.**O inverno da nossa desesperança** – Steinbeck
518.**Piratas do Tietê (1)** – Laerte
519.**Rê Bordosa: do começo ao fim** – Angeli
520.**O Harlem é escuro** – Chester Himes
521.**Café-da-manhã dos campeões** – Kurt Vonnegut
522.**Eugénie Grandet** – Balzac
523.**O último magnata** – F. Scott Fitzgerald
524.**Carol** – Patricia Highsmith
525.**100 receitas de patisseria** – Sílvio Lancellotti
526.**O fator humano** – Graham Greene
527.**Tristessa** – Jack Kerouac
528.**O diamante do tamanho do Ritz** – S. Fitzgerald
529.**As melhores histórias de Sherlock Holmes** – Arthur Conan Doyle
530.**Cartas a um jovem poeta** – Rilke
531(20).**Memórias de Maigret** – Simenon
532(4).**O misterioso sr. Quin** – Agatha Christie
533.**Os analectos** – Confúcio
534(21).**Maigret e os homens de bem** – Simenon
535(22).**O medo de Maigret** – Simenon
536.**Ascensão e queda de César Birotteau** – Balzac
537.**Sexta-feira negra** – David Goodis
538.**Ora bolas – O humor de Mario Quintana** – Juarez Fonseca
539.**Longe daqui aqui mesmo** – Antonio Bivar
540(5).**É fácil matar** – Agatha Christie
541.**O pai Goriot** – Balzac
542.**Brasil, um país do futuro** – Stefan Zweig
543.**O processo** – Kafka
544.**O melhor de Hagar 4** – Dik Browne
545(6).**Por que não pediram a Evans?** – Agatha Christie
546.**Fanny Hill** – John Cleland
547.**O gato por dentro** – William S. Burroughs
548.**Sobre a brevidade da vida** – Sêneca
549.**Geraldão (1)** – Glauco
550.**Piratas do Tietê (2)** – Laerte
551.**Pagando o pato** – Ciça
552.**Garfield de bom humor (6)** – Jim Davis
553.**Conhece o Mário?** vol. 1 – Santiago
554.**Radicci 6** – Iotti
555.**Os subterrâneos** – Jack Kerouac
556(1).**Balzac** – François Taillandier
557(2).**Modigliani** – Christian Parisot
558(3).**Kafka** – Gérard-Georges Lemaire
559(4).**Júlio César** – Joël Schmidt
560.**Receitas da família** – J. A. Pinheiro Machado
561.**Boas maneiras à mesa** – Celia Ribeiro
562(9).**Filhos sadios, pais felizes** – R. Pagnoncelli
563(10).**Fatos & mitos** – Dr. Fernando Lucchese
564.**Ménage à trois** – Paula Taitelbaum
565.**Mulheres!** – David Coimbra
566.**Poemas de Álvaro de Campos** – Fernando Pessoa
567.**Medo e outras histórias** – Stefan Zweig
568.**Snoopy e sua turma (1)** – Schulz
569.**Piadas para sempre (1)** – Visconde da Casa Verde
570.**O alvo móvel** – Ross Macdonald
571.**O melhor do Recruta Zero (2)** – Mort Walker
572.**Um sonho americano** – Norman Mailer
573.**Os broncos também amam** – Angeli
574.**Crônica de um amor louco** – Bukowski
575(5).**Freud** – René Major e Chantal Talagrand
576(6).**Picasso** – Gilles Plazy
577(7).**Gandhi** – Christine Jordis
578.**A tumba** – H. P. Lovecraft
579.**O príncipe e o mendigo** – Mark Twain
580.**Garfield, um charme de gato (7)** – Jim Davis
581.**Ilusões perdidas** – Balzac
582.**Esplendores e misérias das cortesãs** – Balzac
583.**Walter Ego** – Angeli
584.**Striptiras (1)** – Laerte
585.**Fagundes: um puxa-saco de mão cheia** – Laerte
586.**Depois do último trem** – Josué Guimarães
587.**Ricardo III** – Shakespeare
588.**Dona Anja** – Josué Guimarães
589.**24 horas na vida de uma mulher** – Stefan Zweig
590.**O terceiro homem** – Graham Greene
591.**Mulher no escuro** – Dashiell Hammett
592.**No que acredito** – Bertrand Russell
593.**Odisséia (1): Telemaquia** – Homero
594.**O cavalo cego** – Josué Guimarães
595.**Henrique V** – Shakespeare
596.**Fabulário geral do delírio cotidiano** – Bukowski
597.**Tiros na noite 1: A mulher do bandido** – Dashiell Hammett
598.**Snoopy em Feliz Dia dos Namorados! (2)** – Schulz
599.**Mas não se matam cavalos?** – Horace McCoy
600.**Crime e castigo** – Dostoiévski
601(7).**Mistério no Caribe** – Agatha Christie
602.**Odisséia (2): Regresso** – Homero
603.**Piadas para sempre (2)** – Visconde da Casa Verde
604.**À sombra do vulcão** – Malcolm Lowry
605(8).**Kerouac** – Yves Buin
606.**E agora são cinzas** – Angeli
607.**As mil e uma noites** – Paulo Caruso
608.**Um assassino entre nós** – Ruth Rendell
609.**Crack-up** – F. Scott Fitzgerald
610.**Do amor** – Stendhal
611.**Cartas do Yage** – William Burroughs e Allen Ginsberg
612.**Striptiras (2)** – Laerte
613.**Henry & June** – Anaïs Nin
614.**A piscina mortal** – Ross Macdonald
615.**Geraldão (2)** – Glauco
616.**Tempo de delicadeza** – A. R. de Sant'Anna
617.**Tiros na noite 2: Medo de tiro** – Dashiell Hammett
618.**Snoopy em Assim é a vida, Charlie Brown! (3)** – Schulz
619.**1954 – Um tiro no coração** – Hélio Silva
620.**Sobre a inspiração poética (Íon)** e ... – Platão
621.**Garfield e seus amigos (8)** – Jim Davis
622.**Odisséia (3): Ítaca** – Homero
623.**A louca matança** – Chester Himes
624.**Factótum** – Charles Bukowski

625.**Guerra e Paz: volume 1** – Tolstói
626.**Guerra e Paz: volume 2** – Tolstói
627.**Guerra e Paz: volume 3** – Tolstói
628.**Guerra e Paz: volume 4** – Tolstói
629(9).**Shakespeare** – Claude Mourthé
630.**Bem está o que bem acaba** – Shakespeare
631.**O contrato social** – Rousseau
632.**Geração Beat** – Jack Kerouac
633.**Snoopy: É Natal! (4)** – Charles Schulz
634(8).**Testemunha da acusação** – Agatha Christie
635.**Um elefante no caos** – Millôr Fernandes
636.**Guia de leitura (100 autores que você precisa ler)** – Organização de Léa Masina
637.**Pistoleiros também mandam flores** – David Coimbra
638.**O prazer das palavras – vol. 1** – Cláudio Moreno
639.**O prazer das palavras – vol. 2** – Cláudio Moreno
640.**Novíssimo testamento: com Deus e o diabo, a dupla da criação** – Iotti
641.**Literatura Brasileira: modos de usar** – Luís Augusto Fischer
642.**Dicionário de Porto-Alegrês** – Luís A. Fischer
643.**Clô Dias & Noites** – Sérgio Jockymann
644.**Memorial de Isla Negra** – Pablo Neruda
645.**Um homem extraordinário e outras histórias** – Tchékhov
646.**Ana sem terra** – Alcy Cheuiche
647.**Adultérios** – Woody Allen
648.**Para sempre ou nunca mais** – R. Chandler
649.**Nosso homem em Havana** – Graham Greene
650.**Dicionário Caldas Aulete de Bolso**
651.**Snoopy: Posso fazer uma pergunta, professora? (5)** – Charles Schulz
652(10).**Luís XVI** – Bernard Vincent
653.**O mercador de Veneza** – Shakespeare
654.**Cancioneiro** – Fernando Pessoa
655.**Non-Stop** – Martha Medeiros
656.**Carpinteiros, levantem bem alto a cumeeira & Seymour, uma apresentação** – J.D.Salinger
657.**Ensaios céticos** – Bertrand Russell
658.**O melhor de Hagar 5** – Dik Browne
659.**Primeiro amor** – Ivan Turguêniev
660.**A trégua** – Mario Benedetti
661.**Um parque de diversões da cabeça** – Lawrence Ferlinghetti
662.**Aprendendo a viver** – Sêneca
663.**Garfield, um gato em apuros (9)** – Jim Davis
664.**Dilbert 1** – Scott Adams
665.**Dicionário de dificuldades** – Domingos Paschoal Cegalla
666.**A imaginação** – Jean-Paul Sartre
667.**O ladrão e os cães** – Naguib Mahfuz
668.**Gramática do português contemporâneo** – Celso Cunha
669.**A volta do parafuso** *seguido de* **Daisy Miller** – Henry James
670.**Notas do subsolo** – Dostoiévski
671.**Abobrinhas da Brasilônia** – Glauco
672.**Geraldão (3)** – Glauco
673.**Piadas para sempre (3)** – Visconde da Casa Verde
674.**Duas viagens ao Brasil** – Hans Staden
675.**Bandeira de bolso** – Manuel Bandeira
676.**A arte da guerra** – Maquiavel
677.**Além do bem e do mal** – Nietzsche
678.**O coronel Chabert** *seguido de* **A mulher abandonada** – Balzac
679.**O sorriso de marfim** – Ross Macdonald
680.**100 receitas de pescados** – Sílvio Lancellotti
681.**O juiz e o seu carrasco** – Friedrich Dürrenmatt
682.**Noites brancas** – Dostoiévski
683.**Quadras ao gosto popular** – Fernando Pessoa
684.**Romanceiro da Inconfidência** – Cecília Meireles
685.**Kaos** – Millôr Fernandes
686.**A pele de onagro** – Balzac
687.**As ligações perigosas** – Choderlos de Laclos
688.**Dicionário de matemática** – Luiz Fernandes Cardoso
689.**Os Lusíadas** – Luís Vaz de Camões
690(11).**Átila** – Éric Deschodt
691.**Um jeito tranqüilo de matar** – Chester Himes
692.**A felicidade conjugal** *seguido de* **O diabo** – Tolstói
693.**Viagem de um naturalista ao redor do mundo** – vol. 1 – Charles Darwin
694.**Viagem de um naturalista ao redor do mundo** – vol. 2 – Charles Darwin
695.**Memórias da casa dos mortos** – Dostoiévski
696.**A Celestina** – Fernando de Rojas
697.**Snoopy (6)** – Charles Schulz
698.**Dez (quase) amores** – Claudia Tajes
699.**Poirot sempre espera** – Agatha Christie
700.**Cecília de bolso** – Cecília Meireles
701.**Apologia de Sócrates** *precedido de* **Êutifron** e *seguido de* **Críton** – Platão
702.**Wood & Stock** – Angeli
703.**Striptiras (3)** – Laerte
704.**Discurso sobre a origem e os fundamentos da desigualdade entre os homens** – Rousseau
705.**Os duelistas** – Joseph Conrad
706.**Dilbert (2)** – Scott Adams
707.**Viver e escrever (vol.1)** – Edla van Steen
708.**Viver e escrever (vol.2)** – Edla van Steen
709.**Viver e escrever (vol.3)** – Edla van Steen
710.**A teia da aranha** – Agatha Christie
711.**O banquete** – Platão
712.**Os belos e malditos** – F. Scott Fitzgerald
713.**Libelo contra a arte moderna** – Salvador Dalí
714.**Akropolis** – Valerio Massimo Manfredi
715.**Devoradores de mortos** – Michael Crichton
716.**Sob o sol da Toscana** – Frances Mayes
717.**Batom na cueca** – Nani
718.**Vida dura** – Claudia Tajes
719.**Carne trêmula** – Ruth Rendell
720.**Cris, a fera** – David Coimbra
721.**O anticristo** – Nietzsche
722.**Como um romance** – Daniel Pennac
723.**Emboscada no Forte Bragg** – Tom Wolfe
724.**Assédio sexual** – Michael Crichton
725.**O espírito do Zen** – Alan W.Watts
726.**Um bonde chamado desejo** – Tennessee Williams
727.**Como gostais** *seguido de* **Conto de inverno** – Shakespeare
728.**Tratado sobre a tolerância** – Voltaire
729.**Snoopy: Doces ou travessuras? (7)** – Charles Schulz
730.**Cardápios do Anonymus Gourmet** – J.A. Pinheiro Machado
731.**100 receitas com lata** – J.A. Pinheiro Machado

732.**Conhece o Mário?** vol.2 – Santiago
733.**Dilbert (3)** – Scott Adams
734.**História de um louco amor** *seguido de* **Passado amor** – Horacio Quiroga
735(11).**Sexo: muito prazer** – Laura Meyer da Silva
736(12).**Para entender o adolescente** – Dr. Ronald Pagnoncelli
737(13).**Desembarcando a tristeza** – Dr. Fernando Lucchese
738(11).**Poirot e o mistério da arca espanhola & outras histórias** – Agatha Christie
739.**A última legião** – Valerio Massimo Manfredi
740.**As virgens suicidas** – Jeffrey Eugenides
741.**Sol nascente** – Michael Crichton
742.**Duzentos ladrões** – Dalton Trevisan
743.**Os devaneios do caminhante solitário** – Rousseau
744.**Garfield, o rei da preguiça (10)** – Jim Davis
745.**Os magnatas** – Charles R. Morris
746.**Pulp** – Charles Bukowski
747.**Enquanto agonizo** – William Faulkner
748.**Aline: viciada em sexo (3)** – Adão Iturrusgarai
749.**A dama do cachorrinho** – Anton Tchékhov
750.**Tito Andrônico** – Shakespeare
751.**Antologia poética** – Anna Akhmátova
752.**O melhor de Hagar 6** – Dik e Chris Browne
753(12).**Michelangelo** – Nadine Sautel
754.**Dilbert (4)** – Scott Adams
755.**O jardim das cerejeiras** *seguido de* **Tio Vânia** – Tchékhov
756.**Geração Beat** – Claudio Willer
757.**Santos Dumont** – Alcy Cheuiche
758.**Budismo** – Claude B. Levenson
759.**Cleópatra** – Christian-Georges Schwentzel
760. **Revolução Francesa** – Frédéric Bluche, Stéphane Rials e Jean Tulard
761.**A crise de 1929** – Bernard Gazier
762.**Sigmund Freud** – Edson Sousa e Paulo Endo
763.**Império Romano** – Patrick Le Roux
764.**Cruzadas** – Cécile Morrisson
765.**O mistério do Trem Azul** – Agatha Christie
766.**Os escrúpulos de Maigret** – Simenon
767.**Maigret se diverte** – Simenon
768.**Senso comum** – Thomas Paine
769.**O parque dos dinossauros** – Michael Crichton
770.**Trilogia da paixão** – Goethe
771.**A simples arte de matar** (vol.1) – R. Chandler
772.**A simples arte de matar** (vol.2) – R. Chandler
773.**Snoopy: No mundo da lua! (8)** – Charles Schulz
774.**Os Quatro Grandes** – Agatha Christie
775.**Um brinde de cianureto** – Agatha Christie
776.**Súplicas atendidas** – Truman Capote
777.**Ainda restam aveleiras** – Simenon
778.**Maigret e o ladrão preguiçoso** – Simenon
779.**A viúva imortal** – Millôr Fernandes
780.**Cabala** – Roland Goetschel
781.**Capitalismo** – Claude Jessua
782.**Mitologia grega** – Pierre Grimal
783.**Economia: 100 palavras-chave** – Jean-Paul Betbèze
784.**Marxismo** – Henri Lefebvre
785.**Punição para a inocência** – Agatha Christie
786.**A extravagância do morto** – Agatha Christie
787(13).**Cézanne** – Bernard Fauconnier
788.**A identidade Bourne** – Robert Ludlum
789.**Da tranquilidade da alma** – Sêneca
790.**Um artista da fome** *seguido de* **Na colônia penal e outras histórias** – Kafka
791.**Histórias de fantasmas** – Charles Dickens
792.**A louca de Maigret** – Simenon
793.**O amigo de infância de Maigret** – Simenon
794.**O revólver de Maigret** – Simenon
795.**A fuga do sr. Monde** – Simenon
796.**O Uraguai** – Basílio da Gama
797.**A mão misteriosa** – Agatha Christie
798.**Testemunha ocular do crime** – Agatha Christie
799.**Crepúsculo dos ídolos** – Friedrich Nietzsche
800.**Maigret e o negociante de vinhos** – Simenon
801.**Maigret e o mendigo** – Simenon
802.**O grande golpe** – Dashiell Hammett
803.**Humor barra pesada** – Nani
804.**Vinho** – Jean-François Gautier
805.**Egito Antigo** – Sophie Desplancques
806(14).**Baudelaire** – Jean-Baptiste Baronian
807.**Caminho da sabedoria, caminho da paz** – Dalai Lama e Felizitas von Schönborn
808.**Senhor e servo e outras histórias** – Tolstói
809.**Os cadernos de Malte Laurids Brigge** – Rilke
810.**Dilbert (5)** – Scott Adams
811.**Big Sur** – Jack Kerouac
812.**Seguindo a correnteza** – Agatha Christie
813.**O álibi** – Sandra Brown
814.**Montanha-russa** – Martha Medeiros
815.**Coisas da vida** – Martha Medeiros
816.**A cantada infalível** *seguido de* **A mulher do centroavante** – David Coimbra
817.**Maigret e os crimes do cais** – Simenon
818.**Sinal vermelho** – Simenon
819.**Snoopy: Pausa para a soneca (9)** – Charles Schulz
820.**De pernas pro ar** – Eduardo Galeano
821.**Tragédias gregas** – Pascal Thiercy
822.**Existencialismo** – Jacques Colette
823.**Nietzsche** – Jean Granier
824.**Amar ou depender?** – Walter Riso
825.**Darmapada: A doutrina budista em versos**
826.**J'Accuse...! – a verdade em marcha** – Zola
827.**Os crimes ABC** – Agatha Christie
828.**Um gato entre os pombos** – Agatha Christie
829.**Maigret e o sumiço do sr. Charles** – Simenon
830.**Maigret e a morte do jogador** – Simenon
831.**Dicionário de teatro** – Luiz Paulo Vasconcellos
832.**Cartas extraviadas** – Martha Medeiros
833.**A longa viagem de prazer** – J. J. Morosoli
834.**Receitas fáceis** – J. A. Pinheiro Machado
835.**Mais fatos e mitos** – Dr. Fernando Lucchese
836.**Boa viagem!** – Dr. Fernando Lucchese
837.**Aline: Finalmente nua!!!** (4) – Adão Iturrusgarai
838.**Mônica tem uma novidade!** – Mauricio de Sousa
839.**Cebolinha em apuros!** – Mauricio de Sousa
840.**Sócios no crime** – Agatha Christie
841.**Bocas do tempo** – Eduardo Galeano
842.**Orgulho e preconceito** – Jane Austen
843.**Impressionismo** – Dominique Lobstein
844.**Escrita chinesa** – Viviane Alleton
845.**Paris: uma história** – Yvan Combeau
846.**Van Gogh** – David Haziot
847.**Maigret e o corpo sem cabeça** – Simenon
848.**Portal do destino** – Agatha Christie
849.**O mal-estar na cultura** – Freud
850.**O futuro de uma ilusão** – Freud